计算机联锁模拟系统的

研究与设计

邵银萍　李　红◎著

经济管理出版社
ECONOMY & MANAGEMENT PUBLISHING HOUSE

图书在版编目（CIP）数据

计算机联锁模拟系统的研究与设计 / 邵银萍，李红著. -- 北京 ：经济管理出版社，2024. -- ISBN 978-7-5096-9960-7

Ⅰ. U284.36

中国国家版本馆 CIP 数据核字第 2024DZ1118 号

组稿编辑：高　娅
责任编辑：高　娅
责任印制：许　艳

出版发行：经济管理出版社
（北京市海淀区北蜂窝 8 号中雅大厦 A 座 11 层　100038）
网　　址：www. E-mp. com. cn
电　　话：（010）51915602
印　　刷：唐山玺诚印务有限公司
经　　销：新华书店
开　　本：720mm×1000mm/16
印　　张：10. 25
字　　数：146 千字
版　　次：2024 年 10 月第 1 版　　2024 年 10 月第 1 次印刷
书　　号：ISBN 978-7-5096-9960-7
定　　价：98. 00 元

联系地址：北京市海淀区北蜂窝 8 号中雅大厦 11 层
电话：（010）68022974　　邮编：100038

前言

计算机联锁系统将车站所有具有联锁关系的信号机、轨道电路以及道岔等相对独立的信号设备纳入计算机，进而构成一种既相互联系又能够相互制约联锁关系的装备，并进行集中控制，是保证列车行车安全的重要控制装备。信号专业的相关高校学生以及铁路电务技术人员，对于计算机联锁系统的工作原理、结构和相关功能的掌握，现场故障处理的能力需要，以及计算机联锁系统研发的理论基础，都有较高的需求。

为了满足企业调研以及高校的教学和培训需要，基于计算机联锁系统的基本原理和功能，本书研究并设计了几种典型的计算机联锁模拟系统，使用该模拟系统，能够帮助学习者掌握计算机联锁系统的基础知识，并为今后的研发工作和现场的故障处理能力提升打下基础。

全书共五章。第一章为计算机联锁模拟系统的研究背景和研究内容介绍。第二章为计算机联锁模拟系统的需求分析和总体设计，详细阐述了该模拟系统的总体结构和设计思路。第三章为计算机联锁模拟系统硬件及软件部分总体设计方案，介绍了该模拟系统上位机和下位机两个部分的设计方法，以及设计过程。第四章介绍了几种典型的计算机联锁模拟系统，包括其研究内容、具体设计方法以及应用实例效果。第五章对计算机联锁模拟系统的研究和设计工作进行了总结。

本书由大连交通大学邵银萍老师和李红老师撰写。在此感谢上海工程技术大学城市轨道交通学院的劳嘉仪老师和陈丽琴老师，帮助笔者完成了一些资料收集和整理工作。本书研究和设计的几种计算机联锁模拟系统都已在高校的教学和培训中使用，效果良好，具有一定的实际应用意义。本书的不足之处，敬请专家读者给予建议和指正。

目 录

第一章　绪论

第一节　研究背景及意义

近年来，随着铁路建设的飞速发展，我国已成为铁路发展速度最快、技术最全、高速铁路运营里程最长、铁路建设规模最大的国家（毛帅璧，2015）。安全和效率一直都是铁路运输最重要的问题，而铁路信号系统就是指挥列车运行、保障行车安全、提高运输效率的铁路核心技术之一（杨昭军，2007）。铁路信号系统的作用是保障列车运行安全，有效提高铁路运输效率，减少运输成本，极大地改善行车人员的劳动条件。随着列车速度的快速提升，对于铁路信号系统的安全运行提出了更高的要求。要充分发挥铁路信号系统的作用，铁路信号设备的管理和维护工作将是重中之重。

车站联锁系统是铁路信号设备的核心组成部分。当前，对于保障车站联锁系统的安全运行来说，最主要的问题是联锁设备维护技术含量高，现场维修时间紧迫，维修人员经验不足，新职工培训周期长等。每年，全国各大高校和技术院校向铁路系统输送大批人才，但是一些客观原因导致这些毕业生进入铁路系统后，都不能很好地满足铁路系统对于人才的能力需要。

产生这些问题的主要原因有以下几个方面：

第一，由于学校缺乏实验设备，或者实验室的条件不能满足铁路现场的技术要求，导致学生在学习专业知识过程中，理论不能与实践相结合，这也是各大院校的铁路信号专业在教学改革中的核心问题。

第二，我国列车的速度越来越快，行车安全是最关键的问题，而铁路信号设备就是保障行车安全最核心的部分。因此，随着铁路相关部门管理制度的修订，学生能够去铁路实习的机会越来越少，并且现场的所有设备都是不允许随意操作的，学生对于信号设备的认知都是感性的，实习的成效甚微。

第三，随着计算机技术的不断发展，设计了很多车站信号联锁仿真培训系统，这些系统主要是以模拟软件的形式仿真铁路现场真实的操作软件，或者以 3D 虚拟的形式仿真现场设备。学生在使用这些仿真软件时，能够对信号设备的结构和动作原理有一定的认识，也能够在典型故障处理方面得到一定的训练，但是当进入铁路现场，运用真实的信号设备对突发的各种故障进行处理时，还是觉得力不从心。

第四，铁路信号专业的课程，知识点零散且繁杂，学生在学习的过程中，普遍觉得枯燥乏味，需要记忆的知识点太多，难以形成系统的知识体系，对于专业知识缺乏逻辑思考过程。因此，在铁路现场处理设备故障时，对于故障产生的原因，不能做到深入分析、准确判断，延误故障处理时间，对信号设备的正常运行、铁路运输的安全高效运营产生巨大的影响。

铁路信号系统的核心部分是计算机联锁系统，因此，基于上述原因，本书以计算机联锁系统的电路逻辑为重点，研究并设计一种计算机联锁模拟系统。使用该系统，本科或专科学生能够提升对于专业知识的学习兴趣和学习效率，建立系统的专业知识体系，培养专业层面的逻辑思考分析能力，训练良好的专业素养。

该系统使用STM32微控制器设计完成控制系统，使用Qt Creator开发平台设计完成上位机需要的软件功能，STM32的控制系统与上位机以蓝牙无线通信方式实现整个系统功能。

第二节 铁路信号仿真系统研究现状

一、国内研究现状

根据铁路信号专业和铁路运输专业的培养目标、课程特点，以及铁路技术人员对于专业培训和学习的不同需求，将铁路信号仿真系统分为以下几类：

（一）纯软件形式的联锁仿真培训系统

这种仿真培训系统由不同功能的服务器组合而成，2007年，由北京交通大学研究的JT-JCR型计算机联锁仿真教学培训系统就是采用纯软件的方式实现的（冯涛，2013）。该系统由教师机与学员机构成，学员机能够模拟铁路上的各个车站的联锁系统，教师机能够进行列车运行的指挥，并且能够对学员机上各个车站的操作过程进行监督。同时，通过教师机，能够将车站模拟故障发送至学员机，学习者在学员机上进行故障的处理，实现对于学习者故障处理能力的训练。

（二）3D虚拟技术的联锁仿真系统

2015年，郑凯提出了融合3D技术的微机联锁车务模拟系统。该系统通过3DMax技术和OSG技术模拟车务仿真系统功能，通过3D动画模拟铁路真实的车站和区间场景，并通过联锁系统发送控制命令模拟行车作业（黄龙，2015）。

（三）沙盘模型仿真系统

北京交通大学、西南交通大学、石家庄铁道大学都先后搭建了基于电子技术的铁路沙盘模型仿真系统。这一类的仿真系统都是通过软件实现上位机的功能，再通过串口将联锁系统与沙盘相联系。沙盘模型能够接收来自联锁系统的控制命令，实现信号机模型的显示、转辙机模型的动作等。

（四）半硬件的联锁仿真系统

半硬件的联锁仿真系统是将部分设备，如信号机、转辙机、轨道电路采用实物形式，联锁逻辑功能和人机对话功能采用软件编程实现，然后设计控制接口，实现联锁软件对实物的控制与信息的采集。

（五）全硬件的联锁仿真培训系统

全硬件的信号联锁仿真系统是将铁路现场真实的信号设备和真实的联锁系统设备放置在实验室。同时，在实验室设置模拟小车，通过真实的联锁系统设备办理进路，进而控制真实的信号设备进行动作和显示。

二、国外研究现状

在国外，联锁仿真系统研究得较早一些。在英国，他们实施微机联锁系统的模拟培训，是通过微机网络、计算机模拟器、信号模拟器等技术进行的（冯涛，2013）。德国、西班牙采用3D动画技术，研制出了非常流畅的动画系统，这是一种非常接近真实的列车运行视觉系统。后来，印度也开始了这方面的研究工作，其微机联锁仿真系统主要通过多媒体闭路电视进行它的功能演示，是利用模拟机和计算机技术实现的（黄龙，2015）。

第三节　研究内容

本书研究并设计的计算机联锁模拟系统，主要是针对计算机联锁系统的电路逻辑关系抽象且复杂的问题而提出的。在铁路现场，计算机联锁系统是车站信号控制的核心，联锁系统设备除了联锁机、控显机、上位机等主要由机柜、控制板卡、微型计算机等部件组成的较大型设备外，还有计算机联锁设备能够与室外信号设备相连接的继电器组合。当计算机联锁系统出现故障，无法控制室外信号设备时，除了检查联锁机柜的板卡等计算机硬件问题外，最重要的就是排查继电器组合架上的相关继电器是否出现故障。利用计算机联锁设备办理一条进路，通常会涉及很多个继电器的动作才能实现对室外信号设备的控制，同时将室外信号设备的动作结果采集到计算机联锁系统。

对于铁路信号专业的学生，车站联锁系统的电路逻辑关系的学习非常重要。经过多年的调研，对于车站联锁系统的电路控制网络，专业教师通常是采用电路图的方式进行讲解，学生在学习的过程中，对于枯燥繁杂的继电器和动作电路往往不能达到熟练掌握的程度。其主要原因有以下几点：

第一，联锁系统的网络线较抽象，且关系到很多的继电器，学生需要记忆大量的继电器名称，在学习的过程中，很少进行逻辑思考，当需要进行故障处理时，往往无法做到根据故障现象对继电器的问题进行排查。

第二，计算机联锁系统中的继电器较多，且全部安装在继电器组合架上，如果在实验室通过观察实物动作的方式进行授课，仍然无法观察到网络线中继电器的连接关系，对于学生学习效果的提升没有帮助。

第三，计算机联锁上位机办理进路后，继电器组合将会快速完成吸起或落下，进而控制室外的信号设备进行动作。因此，学生在学习时无法逐步观察继电器的动作过程，对于电路逻辑只能通过电路图分析判断，从而降低了在现场排查故障的能力和效率。

因此，结合当前教学改革的需要和铁路现场对技术人才的需求，本书研究并设计了一种计算机联锁模拟系统。本系统以 STM32 控制器为核心，设计车站站场或区间，通过 Qt Creator 开发平台设计上位机软件，以蓝牙无线传输信号的方式，实现硬件与软件的信息传递，从而实现系统相应的功能。主要研究内容包括如下几个方面：

一、下位机设计

该计算机联锁模拟系统有很强的适用性和扩展性。硬件设计是基于 STM32 的多功能智能控制系统。该系统采用模块化结构，具有良好的可移植性。体系的“小而精”可以延伸“大而全”，通过排针将 STM32 单片机空闲 I/O 口引出，便于操作者以它为母板控制其他外设，或者扩大实验项目。

硬件以核心板加功能模块为设计思路，硬件与软件可以裁剪，方便装配、拆卸与升级。硬件采用模块化设计思想，将多个功能单元进行分解组合，使其具有良好的可移植性和扩展性。同时通过对硬件电路结构的合理简化，降低了整个电路板的成本。较昂贵的通信模块均不与 PCB 板焊接，而只需将排座装设于 PCB 板内，便于拆装，也便于其他系统复用。

二、上位机设计

上位机设计是模拟系统的一个重要组成部分，需要接收数据、调用和刷新界面操作。高效可靠的上位机设计是整个模拟系统正常运作的重要保障。上位机与系统的通信实际上是与下端单片机的通信。上位机软件作为模拟系统软件中的一个重要部分，其正确操作可以确保操作人员的操作指令能被正确地执行，模拟系统界面能被正确地刷新显示。上位机的工作过程是，上位机软件启动后，当它收到并解析操作人员处理下位机进路操作指令时，第一件事是读取数据并初始化，同时，与下位机通过 hex 模式实现通信命令交互，下位机办理相应的进路后以 hex 模式发送数据，上位机接收相应的数据，通过槽和信号，调用对应的函数。在此基础上，再把操作命令按数据格式整理好，下位机通过按压按钮办理好进路后，精确地把数据发送到上位机，接收数据后，个人串口助手对下位机向上位机发送的设备状态进行信息解析，上位机功能界面对显示结果进行动态刷新。

三、通信方式设计

上位机和下位机需要实现可靠的通信，该模拟系统选择蓝牙通信模块配置主机和从机。该模块兼容 USART 串口，通信可靠性好。将主机连接到 STM32 单片机的 USART 串口，蓝牙模块连接到相应的引脚，将从机通过 USB 转 TTL 连接到计算机。

一般情况下，系统在主设备模式下运行，当主设备需要连接从设备时，系统可通过存储器中预先设置的程序和所接收到的信息进行判断。如果主从设备连接成功，则开始执行系统预定的操作。同时，系统也可以工作在从设备模式下，等待其他主设备主动联系。

第二章　计算机联锁模拟系统的需求分析与总体设计

第一节　计算机联锁系统概述

一、计算机联锁系统的发展概况

计算机联锁系统事实上是传统的故障—安全技术和理念在电子时代发生了变革之后的产物，是计算机工控技术，特别是电子系统的冗余技术与传统故障—安全技术的演进与相互融合，使以计算机冗余，包括可靠性冗余和安全性冗余控制为主要特征的计算机联锁系统的实用化成为可能。

1978 年，在瑞典哥德堡车站开通的微机联锁系统，是世界上第一个投入运营的计算机联锁系统。中国投入运营的微机联锁系统于 1984 年在太原钢厂配料站投入使用，1989 年，在郑州北站上行编尾开通了铁路车站微机联锁系统。受现场环境条件限制的此类微机，其体积虽与现在的工控计算机相仿，但运行速度低，存储量小，其功能和性能都有限。随着大规模集成电路以及计算机和通信技术的飞速发展，以计算机联锁为典型代表的铁路信号安全可编程系统，普遍采用以安全冗余为主要特征、符合故障—安全原则的专用安全计算机，如三取二、二乘二取二系统，微机联锁一词已不再使用。

20 世纪 90 年代后，中国铁路的计算机联锁发展迅速。21 世纪初，以先进列控技术为标志的高速铁路的发展，按照速度曲线对列车进行精细控制和安全防护的列控系统与联锁系统之间联系紧密、信息交互大增，凸显了计算机联锁的技术优势。至 2021 年，中国国家铁路（不包括地铁、厂矿铁路等）车站联锁中使用计算机联锁的占八成以上，其中高速铁路的车站联锁全部采用计算机联锁系统。

二、计算机联锁系统的结构

计算机联锁系统（CBI）是负责行车进路、建立铁路行车的核心控制设备。计算机联锁系统在信号操作员或者列车自动监控系统（ATS）操作下，能够实现站内道岔、信号机、轨道电路之间的联锁控制，是铁路安全且高效行车不可缺少的保证设备。

计算机联锁系统的核心是计算机技术，通过自动通信技术、可靠性、自动容错控制以及故障—安全技术实现站内联锁要求的控制系统（王程，2018）。

按照进路控制的层次来描述的结构即为层次结构。计算机联锁系统从操作命令输入到现场设备动作进路控制可分为人机对话层、联锁层和执行层，结构如图 2-1 所示。

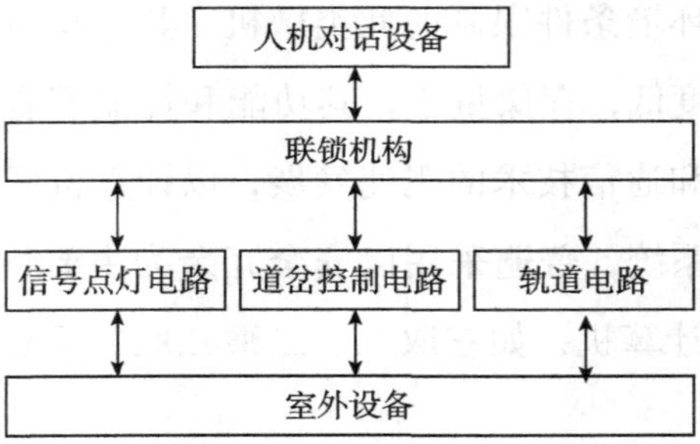

图 2-1　计算机联锁系统结构

人机对话层是车务人员与联锁机构进行对话的一层，车务人员通过人机对话设备向联锁设备输入操作命令，包括进路操作命令、信号设备动作命令等。同时，通过人机对话设备，车务人员能够收到室外信号设备传送回来的状态信息，以及行车相关信息。

联锁层是计算机联锁系统的核心层，处于联锁层的联锁机构，需要对室外设备，包括信号机、道岔、进路之间的联锁关系进行逻辑处理。联锁机构能够接收上一层，即人机对话层传来的控制命令，同时，能够接收来自室外信号设备的状态信息，并将信息反馈回人机对话设备。联锁机构是人机对话设备与室外信号设备控制电路的中间部分，通过联锁机构将人机对话设备传来的控制命令转换成信号设备控制电路能够识别的控制信号，进而控制室外信号设备进行动作。

执行层即室外信号设备控制电路，包括信号机点灯电路、道岔控制电路和轨道电路。通过信号设备控制电路，计算机联锁系统能够与室外信号设备直接相连，由人机对话设备发出的控制命令传至信号设备控制电路，进而控制信号设备的动作。同时，信号设备的状态信息由控制电路表示出来，并上传至人机对话设备。

三、计算机联锁系统的软硬件

目前，使用较多的信号联锁系统包括 TYJI－Ⅱ型、JD－ⅠA 型、TYJL-TR9 型、DS6-K5B 型和 EI32-JD 型等。下面以 EI32-JD 型计算机联锁系统为例，说明其硬件和软件设备。

EI32-JD 型计算机联锁系统采用分布式结构（王永信，2007），系统的主要硬件设备如图 2-2 所示。硬件设备包括操表机、联锁机、驱动采集机、驱动采集接口、组合架、电务维修机和电源等。其中联锁机是核心，采用二乘二取二的结构，保障系统输出正确性。

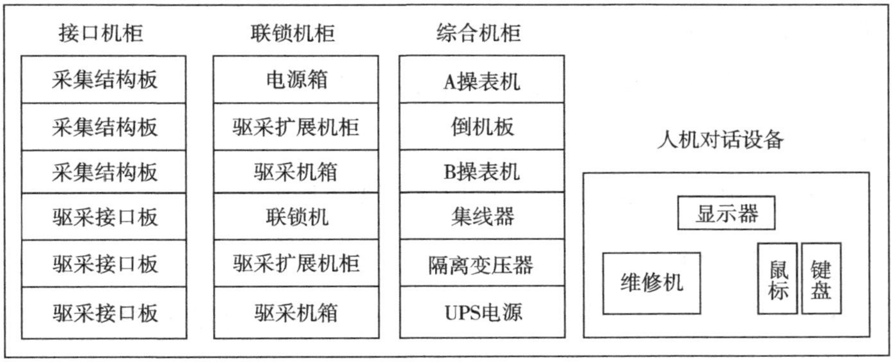

图 2-2　EI32-JD 型计算机联锁系统硬件设备结构

EI32-JD 型计算机联锁系统通过联锁软件实现车站联锁逻辑关系。人机对话设备的上位机中安装了车站站场图，车务人员通过鼠标点击站场图中的按钮实现进路的办理。当按下按钮时，联锁软件将通过联锁表查找进路相关信息，然后驱动计算机联锁硬件设备中与信号设备控制电路相连接的驱动板，将控制命令通过控制电路送至室外信号设备。同时，通过驱动采集板，采集信号控制电路的电流或电压，获得室外信号设备的状态信息。

四、计算机联锁系统的继电电路

计算机联锁是一种重要的控制技术，通常用于确保一系列相关操作按照安全和合理的顺序进行。继电电路是联锁系统的核心组成部分，负责控制和监控不同操作的状态。

继电电路是一种基于继电器的电子控制器，具有开关和中间控制器的功能。继电器是一种通过电磁机构来控制电路的装置，当输入电流通过线圈时，会导致电磁铁吸引，从而使触点闭合或断开，控制继电电路的通断状态。

计算机联锁是将计算机与继电电路相结合，实现自动化的控制和监控功能。计算机负责收集传感器或其他输入设备的数据，根据预设的控制逻辑进行处理，并向继电电路发送控制信号。继电电路根据接收到的信号，控制相应设备或装置的状态。

继电电路在计算机联锁中的应用主要有如下四个方面：

（一）输入设备

继电电路通常用于连接传感器和计算机，读取传感器的数据并将其转化为计算机可以处理的形式。例如，可以使用继电电路读取温度传感器的数据，并将其转化为数字信号发送给计算机进行处理。

（二）控制设备

继电电路可以通过控制设备接口与设备或装置进行通信，并根据计算机的控制信号控制其状态。

（三）确保操作顺序

继电电路可以根据计算机发送的信号，确保一系列相关操作按照安全和合理的顺序进行。

（四）监控设备状态

继电电路可以监控设备或装置的状态，并将数据传输给计算机进行分析和处理。

典型结构的计算机联锁系统均采用继电接口电路，且保留和沿用了6502电气集中对轨旁设备的主要继电接口电路（道岔控制电路、信号点灯电路等），在实现强、弱电控制转换的同时，也与室外轨旁设备实现了彻底的电气隔离，可有效降低对计算机系统的防雷等级及抗干扰要求，并具有适用性、通用性和直观性强，以及技术实现规范简单等特点。

据粗略估算，被保留的这部分继电器的数量仍要占到6502电气集中全部继电器数量的1/3左右，这一比例还是比较大的，致使继电器组合架的体积仍然相当大。

第二节　计算机联锁系统应用软件的构成及特点

在采用典型结构的各种计算机联锁系统中，其操作显示系统、记录查询系统、联锁计算机、操作表示机和电源五个子系统，大部分或全都是具有软件功能的智能化系统，而且在有的子系统中有多个软件系统并存。

计算机联锁系统的软件大致可分为直接嵌入式（应用）软件、平台软件和（可移植）应用软件三类。

一、人机交互系统的软件

国内计算机联锁系统的操作机（上位机）和维修机，一般都选择通用平台的系统架构，大多采用通用型的工控机，直接在操作系统环境下进行应用软件的编程。操作机与维修机的软、硬件层次结构和软件主要构成如图 2-3 所示。

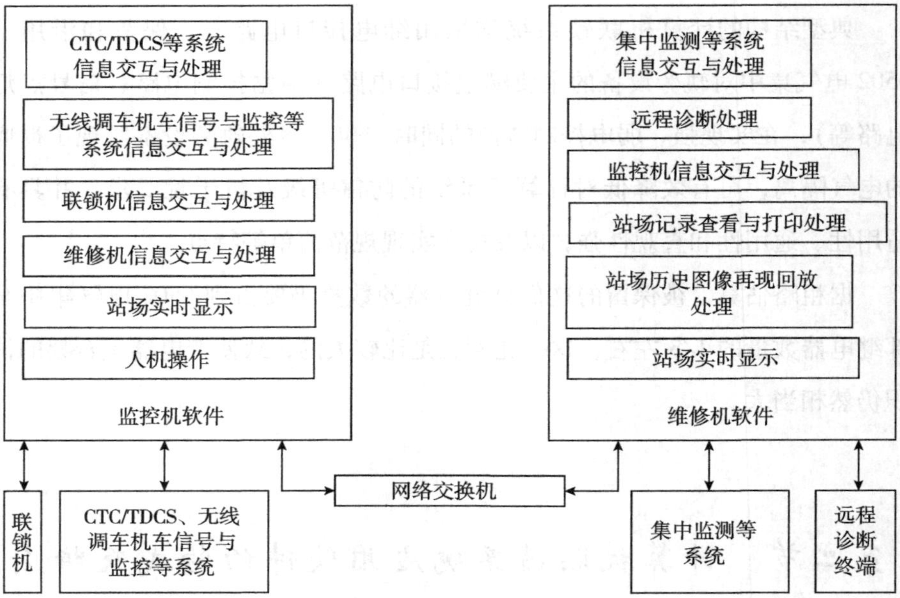

图 2-3 操作机与维修机的软、硬件层次结构和软件主要构成

（一）操作机的软件构成及其特点

操作机（上位机）的应用软件包括人机操作处理、实时显示处理、联锁机信息交互与处理、维修机信息交互与处理、与调度集中或列车调度指挥系统信息交互处理、对无线调车机车信号与监控等系统的信息传输处理六类功能模块。按照工作性质和工作对象不同，这六类功能软件大致可分为三种：第一种，前三类构成操作机软件的基本核心、实现计算机联锁系统运行中不可缺少的操作控制及显示等系统内容功能；第二种，对维修机的信息交互也属于系统的内部功能，主要是送给维修机存储记录的各类信息，以及少量由维修机发送过来的系统校时等信息；第三种，调度集中、列车调度指挥和无线调车机车信号与监控系统都是外部信号系统，相关软件模块的配置取决于现场设备的具体配置情况。

这六类功能软件中的四类都与通信相关，操作机在某种意义上可以说是联锁系统特别是联锁机的信息中转站。通过这些软件，能够实现以下功能：

（1）实现联锁机与车站值班员、与调度集中操作值班员的操作命令和各类显示信息的交互。

（2）向维修机提供需要记录的全部站场状态信息、操作和各位提示信息，以及系统相关的内部日志信息等，接收来自维修机的系统校时信息。

（3）向无线调车机车信号与监控系统转发站场的状态信息等。

（二）维修机软件的构成及其特点

维修机的应用软件主要包括与操作机的信息交互处理、记录和储存处理、查询与打印处理、图像再现处理、站场实时显示处理、远程诊断处理和对集中监测的信息传输处理七类功能模块。维修机也有同时与联锁机直接相连的情况，也要有相应的软件模块，可以更加快速地直接对站场状态信息、安全计算机平台的状态信息等进行记录存储，并不用经操作机转发。这种直连的方式通常都限定采用单向通信，可以尽量避免维修机运行时对联锁计算机产生任何干扰。

维修机与操作机的信息交互处理、记录和储存处理的软件是核心软件，其功能在某种程度上起到计算机联锁系统“黑匣子”的作用，所保留的记录是对故障及事故进行分析的重要信息来源。

二、联锁软件

联锁逻辑运算是计算机联锁系统的核心功能，联锁逻辑运算主要由运行于联锁安全计算机平台上的联锁软件完成。联锁软件是计算机联锁系统各子系统中功能和逻辑都最为复杂、安全完整性要求最高的应用软件。

（一）联锁软件的功能架构及相关特点

1. 基本对象单元及其主要功能

计算机联锁系统的联锁逻辑功能主要由联锁软件实现，并最终作用、体现于控制对象。现有计算机联锁系统控制的主要对象，仍然是承自继电联锁系统的三大电气化基础设备和区间及场/站联系设备，即动力式道岔转辙机、色灯信号机和轨道电路，以及区间闭塞、场间/站间联系电路等。它们在联锁软件中对应形成的道岔、信号、区段和闭塞、场联/站联等类基本对象单元，是基本联锁功能的主要实施对象。

针对各类基本对象单元的联锁逻辑处理，在本质上主要就是依据联锁技术条件及相关的用户需求，对这些信息进行联锁运算，实现所要求的联锁功能；联锁软件还需要在整体上实现所有这些信息的安全、可靠的传递及相关的逻辑处理。同时，操作、传输和锁闭/解锁对象运算——联锁系统的三大基本功能要素，同样也是联锁软件的基本功能要素。

2. 进路控制与非进路控制

计算机联锁系统的控制，按操作方式的不同可划分为非进路控制与进路控制两大类。非进路控制类主要包括对道岔的单操、单锁、封闭、引导总锁闭、局控、对信号的封闭、对区段的故障解锁，以及区域范围内的非进路调车等；此类控制操作一般直接作用于某个设备对象，其处理逻辑也大都相对简单且涉及范围有限。进路控制类主要包括列车、调车、引导、推峰及平面单钩溜放等进路控制。其中，对列车和调车的进路控制是车站联锁的主要作业方式，进路引导通常只在设备故障时使用；推峰和单溜则只是在枢纽的到达场与编组站尾部的联锁系统中才有的功能。进路相关的操作涉及的对象多、范围大，层次递进的特点明显，处理过程中可能发生的情况比较复杂，其处理逻辑需要充分考虑和应对动态多变的站场情况、现场设备各种可能的故障状态以及各种误操作的可能。显然，进路控制的相关软件是联锁软件中的重点。

（二）联锁软件的两种主要实现架构

基于进路联锁表和站场图形网络结构进行联锁运算和逻辑处理，是两种典型的常用方式。这两种方式的程序设计理念完全不同，具有两种不同的程序和数据架构。

1. 进路联锁表

查表是计算机系统最基础、简单的处理方式。依据进路联锁表确定进路并进行联锁关系的检查，其程序的逻辑实现相对简单，特别是可以避免在复杂站场及某些非正常操作时因选路搜索程序的难度较大而发生问题。进路联锁表本身也具有简单、直观、易懂的优点。

2. 站场图形网络结构

采用站场图形网络结构的编程方式，是参照6502继电联锁构造若干基本的继电组合电路，按站场图形拼接而形成某一具体车站联锁控制网络的经典方式，主要采用面向对象的软件编程方式，构造与现场主要设备相对应的基本对象单元（模块），并采用与站场图形相对应的站场网络图形化的数据结构和相应的程序结构，程序依此数据网络运行即可对进路的相关联锁条件逐项进行检查而无须或基本无须使用联锁表。

第三节 计算机联锁系统的特点

计算机联锁系统是在继电式电气集中联锁的基础上发展起来的，两者之间在联锁要素等主要技术实现手段和一般功能方面存在着必然的继承与发展的关系。

我国铁路上使用的计算机联锁系统，在研发时从控制方式到联锁逻辑的实现，都完全是以堪称经典的6502大站电气集中联锁系统为蓝本的，且都保留了其中关键的道岔启动和信号点灯等电路。直接监控的主要基本对象，目前仍然是动力式转辙机、色灯信号机和轨道电路三大基础设备，因而在进路的选排、锁闭/解锁以及信号、道岔控制等基本的操作功能方面与继电联锁并无本质上的差异。

一、操作及显示方式

计算机联锁系统基本上并未改变对轨旁设备的操控方式，但在操作的具体实现方式，特别是在人机界面方面提供了比继电联锁丰富得多的选择。

二、传输方式

现有各种类型的计算机联锁系统，在其计算机系统固有的电子传输（如主处理单元的内、外总线传输，I/O单元的输入、输出、视频、鼠标信号传输，以及各类现场总线传输等）方式之外，都不同程度地保留了继电联锁的电气传输方式，主要是室内外及站/场间通过电缆进行的电气连接；电气传输是计算机控制系统进行对象控制，尤其是进行较大功率控制仍需使用的基本传输方式之一。

三、智能化的逻辑运算

通过智能处理器用软件编程的方式，实现以进路控制为核心的联锁关系的逻辑处理，是计算机联锁系统相对于继电联锁改变最为彻底，同时也被业界普遍认为是提升空间最大的一个方面。

四、接口功能

接口功能与传输方式密切相关，计算机联锁的电子传输方式可以比较轻松地适应各种接口方式，其智能化的逻辑运算也可以对任何复杂的接口关系进行处理，这是计算机联锁具有的另一个明显的技术优势，尤其是在继电系统完全无法实现的通信接口方面。

五、信息记录和故障检测

完备的信息记录与完善的故障检测，都是此前的联锁系统完全或基本不具备的功能，相对于基本联锁也都属于辅助功能，但对计算机联锁系统，这两项功能却是从一开始就存在的基本功能。

六、平台与应用软件

不考虑受控对象，仅就控制部分而言，计算机控制系统与此前任何控制系统的一个主要区别在于，其控制功能都是由具有明确分工的两个部分共同完成的。对于简单的嵌入式系统而言，是由计算机的硬件和软件共同完成的；对于复杂的计算机系统而言，是由计算机平台和应用软件共同完成的。同一个平台既可用于构成车站联锁系统，也可用于构成车站列控中心系统，而车站联锁关系的变更，仅仅通过数据的改变就可以实现。

第四节　需求分析

一、功能需求分析

计算机联锁模拟系统的主要目的是了解继电电路的变化情况，对继电电路中各个继电器的作用和相互关系有直观的认识。在铁路现场，由计算机联锁发出的控制命令，必须经过组合架上的继电联锁电路，才能将控制信号发送到室外的信号设备，并通过继电电路采集室外信号设备的工作状态。虽然计算机联锁系统所使用的继电器数量，相对于传统的6502继电联锁系统的继电器数量，已经减少了近2/3，但是其作用至关重要，主要体现在如下几个方面：

（一）现场故障的排查

计算机联锁系统的继电电路是连接计算机联锁硬件系统与室外信号设备的连接部件。在铁路现场，当出现进路无法排出，或室外信号设备的工作状态无法采集时，会严重影响列车的安全运行。在现场排查故障时，在计算机联锁硬件设备没有故障的情况下，多数是因为组合架上的继电电路中的某一个或某些继电器出现问题，但由于组合架上的继电器数量较多，快速排查故障就需要工作人员对继电电路中所有继电器的组合、功能，以及相互的关系非常清晰。因此，对于工作人员来说，对继电电路的逻辑关系的掌握至关重要。这就需要设计一种能够将继电电路的逻辑关系直观化的模拟系统，帮助工作人员和专业学生提升继电电路的故障查找能力。

（二）计算机联锁软件的设计

计算机联锁软件编译的底层逻辑，仍然是传统的6502继电联锁关系。因此，培养合格的计算机联锁软件工程师，对于6502继电联锁逻辑关系的掌握是核心因素。设计一种帮助学生或设计人员直观理解继电电路联锁关系的模拟系统，对编译符合6502继电联锁逻辑的计算机联锁软件有一定的促进作用。

（三）培养合格的信号专业学生

“车站信号自动控制系统”课程是轨道交通信号与控制专业学生的专业核心课程，其主要内容以继电联锁逻辑关系为核心，讲授6502继电联锁系统以及计算机联锁系统的结构、原理和功能。由于内容繁杂、继电器种类多、继电关系复杂，更重要的是，学生通过固定的图纸，无法直观看到继电器之间的逻辑连接关系，这门专业核心课程的学习效果并不理想，学生普遍感到内容枯燥，难以理解。因此，设计一种帮助专业学生理解掌握这门专业核心课程的学习内容的联锁模拟系统，能够提升学生的学习热情，提高学习效果，为毕业走向工作岗位打下扎实的基础，也为培养符合轨道交通信号与控制专业培养目标的毕业生提供保障。

二、系统软硬件设计

本计算机联锁模拟系统由上位机终端和硬件操作板组成。本系统的硬件部分采用嵌入式微控制器STM32作为系统的核心控制单元，利用Qt作为开发平台，实现上位机软件开发。通过软件程序，实现上位机与嵌入式系统的通信和数据交互。上位机软件可以实时根据硬件系统的操作，判断上位机软件所模拟的继电电路中各个继电器的动作关系。

本模拟系统基于Altium Designer、Keil和Qt平台完成系统的设计开发，经过实际的实验和测试，验证了系统的可用性、可靠性和稳定性。

第三章　计算机联锁模拟系统硬件及软件部分总体设计方案

第一节　计算机联锁模拟系统的设计

一、计算机联锁模拟系统的整体结构

本书研究的计算机联锁模拟系统是基于嵌入式微控制器 STM32 的硬件部分，以及 Qt 开发平台的上位机软件部分。

（一）监控子系统

监控子系统包括人机交互操作表示层、控制区间行车控制逻辑层。

操作表示层用于表示信号设备，如信号机、道岔、进路等状态信息；也可以表示区段、信号码等状态信息；处理列车进路、列车运行模式和方向、限速设置和取消等按钮功能，生成控制命令。

控制逻辑层能够实现通信控制，接收解析上传的状态报文，编制发送

下传的指令报文；模拟列控中心功能、模拟列车占用进路功能、模拟进路办理功能，统一控制信号设备的动作、区间信号的发码、运行方向的设定、运行模式的设置，以及区间限速等；能够仿真车站办理进路过程，以及区间行车过程。

（二）设备子系统

设备子系统包括实现设备联锁的联锁逻辑层、监测设备状态和执行设备动作的监测执行层，以及模拟信号设备的设备层。

联锁逻辑层完成信号机、道岔、进路三者之间的联锁控制，实现进路的办理；或者能够完成区段、信号机、信号码三者之间的联锁控制，实现列车占用区段后，自动完成信号的关闭、自动变换信号码等联锁关系；并且能够与联锁继电电路通信，或与列控中心通信，发送上传报文，结合当前联锁关系解析下传指令报文，得到设备控制指令。

监测执行层能够实时监测轨道区段、信号机、道岔、信号码等设备状态，综合生成上传状态报文，并按照联锁逻辑解析设备控制指令，执行继电器动作命令、执行区段限速，以及信号显示等设备的动作。

设备层使用硬件电路模拟进路、信号机、轨道区段、道岔等信号设备，使用指示灯模拟信号机的显示，用开关状态模拟列车占用情况、用检测程序模拟道岔状态，并设置区段状态表示灯，指示区段状态。

二、监控子系统设计方案

在 Qt 平台使用 C++编程语言设计开发本系统的监控子系统。监控子系统的程序架构分为按钮操作、监控界面、控制运算、数据刷新，以及通信端口五个模块。按钮操作部分和监控界面部分是子系统的操作表示层，控制运算和数据刷新是子系统的控制逻辑层。

按钮操作模块生成控制指令，并将指令送至逻辑表示层的控制运算模块进行逻辑运算，产生的控制指令通过通信端口，以蓝牙无线通信的方式发送至上位机。同时，上位机将状态信息以报文的形式返回到逻辑表示层进行数据更新，并通过操作表示层的界面控制模块刷新监测界面。

三、设备子系统设计方案

设备子系统由硬件电路和单片机组成。通过编写嵌入式程序实现联锁逻辑、监测执行功能和通信功能。设备子系统的嵌入式程序结构如图3-1所示。程序模块分为通信端口、联锁运算、数据刷新、指令执行以及状态检查五个组成部分。其中联锁运算和数据刷新模块同为联锁逻辑层，指令执行和状态检查模块同为监控执行层。

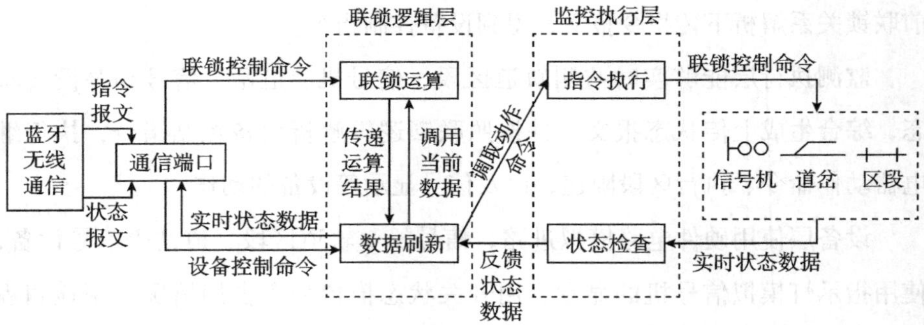

图3-1　设备子系统嵌入式程序结构

通信端口实现设备子系统的通信功能，完成数据报文的上传和下达。联锁控制命令通过联锁运算模块进行逻辑判断，并将运算结果传送至数据刷新模块，更新系统的设备状态数据，综合联锁控制命令和联锁运算结果，生成系统设备的动作指令，并将动作指令传输至指令执行模块，执行动作指令，进而控制信号设备。同时，设备的状态信息需要进行实时监测，并传输至状态检查模块，若状态信息较之前发生变化，数据将进行刷新，并更新监测界面。

第二节　计算机联锁模拟系统的硬件设计

硬件电路是设备子系统的主体，整体结构如图 3-2 所示。整体结构中包括主体电路板、STM32 单片机最小系统板、蓝牙无线通信模块、相关功能开关、区段占用表示灯，以及信号表示灯等。

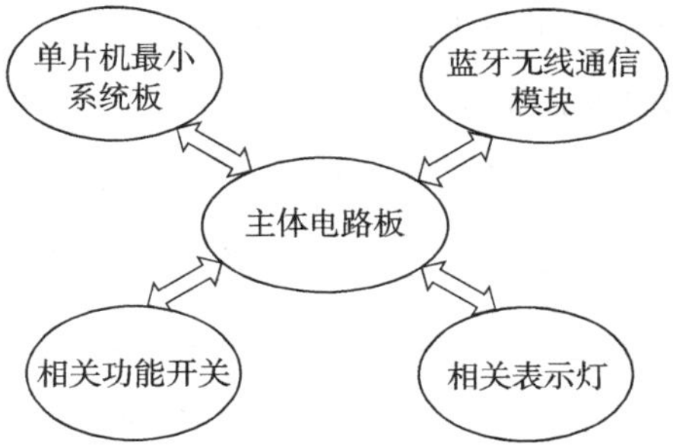

图 3-2　硬件电路整体结构

（1）单片机最小系统板。常用的单片机有 C51 和 STM32 两种系列。C51 单片机系列，主要的缺点是 I/O 口少，易卡顿，并且实时性差。STM32 单片机系列的 I/O 引脚丰富且带载能力强是其主要优点。

本模拟系统需要使用单片机驱动大量的表示灯，因此选择 STM32 单片机系列更适合于本系统的开发。

（2）通信模块。硬件部分和软件部分需要实现可靠的通信。系统可选择蓝牙通信模块或 USB 直接连接的方式，建立监控子系统和设备子系统的通信。

（3）相关功能开关和表示灯。功能开关可以选择拨码开关或按钮，其主要作用是能够实现模拟列车占用，以及完成进路的选排功能。表示灯可选择多种颜色的 LED 等模拟信号机的颜色显示。

第三节　计算机联锁模拟系统的软件设计

软件部分是上位机能够实现相关功能的平台。本系统采用 Qt 作为软件开发的平台。Qt 是一个跨平台的 C++应用程序开发框架，广泛应用于图像用户界面（GUI）和嵌入式系统开发。Qt 提供了丰富的工具和类库，开发人员能够快速构建高性能、可扩展和易于维护的应用程序。Qt 的主要特点之一是其跨平台能力强，支持多个操作系统，可在不需要大量修改的情况下将应用程序移植到其他平台上。另一个重要的特点是其采用了信号和槽（Signals and Slots）的机制，使开发人员能够实现松耦合的组件通信。通过定义信号和槽，组件之间的交互可以更加灵活和可扩展。这种机制简化了应用程序的设计和维护，提高了开发效率。

上位机的主要作用是显示闭塞区间的发码变化和继电联锁电路的动作变化。变化过程中包括闭塞区间中区段的占用、发码的变化等，以及继电联锁电路中继电器的动作过程。上位机的软件主要包括了三大模块，具体如下：

（1）界面部分。这一部分包括了闭塞区间或继电联锁电路，通过 Qt 的画图功能即可实现。

（2）点击事件部分。这一部分需要为操作人员定义点击位置与触发事件的按钮表示，经过设计后实现模拟列车占用、进路的选排命令、取消进路等功能。

（3）串口通信部分。这一部分根据硬件电路自定义的通信协议，直接在程序中进行绑定，以便在上位机与硬件电路连接时，进行指令报文的收发。

第四章　几种典型的计算机联锁模拟系统

第一节　计算机联锁模拟系统的应用

本书中所研究并设计的计算机联锁模拟系统，主要是针对计算机联锁系统的电路逻辑关系抽象且复杂的问题而提出的。为了能够满足铁路信号专业学生对于车站联锁系统电路逻辑关系研究分析能力的训练要求，按照联锁电路各条网络线的作用分类，分别设计了几种能够实现训练目的的模拟系统。

该模拟系统能够满足以下几点要求：

第一，模拟系统能够实现联锁系统具象化，对于网络线中所涉及的继电器的动作过程清晰可见，帮助学生在学习的过程中多思考，进而训练学生的故障处理能力。

第二，在实训室或铁路现场，继电组合全部安装在组合架上，继电器的动作过程及相互间的联系无法进行有效的观察。该模拟系统能够帮助学生直观地看到各个继电器相互间的动作关系，提升学生的学习效果。

第三，如果学校没有相关实验室进行车站联锁课程实验，也可通过该模拟系统进行基本的实验，实现相应的实训或实验目标。

第二节　几种典型的计算机联锁模拟系统

一、车站选择组电路动作模拟系统设计

（一）选择组电路的功能

车站选择组电路的任务是根据选路操作手续，选出预期的电路。选择组电路的具体功能如下：

（1）根据选路时值班员按下的进路始端按钮和终端按钮，记录进路的始端和终端。

（2）根据选路时按压按钮的先后顺序，确定进路的性质和运行方向。

（3）当所选进路内有车辆占用或与已经选出的其他进路构成敌对进路时，则所选进路不应选出。

（4）仅按压进路始端按钮和进路终端按钮时，应自动选出与基本进路相符的道岔位置，即只选出基本进路，禁止自动选出变通进路。即使基本进路因故无法选出，也不能自动选出变通进路；值班人员必须通过附加操作才能选出变通进路，同时禁止自动选出基本进路。同样，选排变通进路时，即使变通进路因故无法选出，也不能自动选出基本进路。

（5）按压长调车进路两端按钮时，能自动选出该长调车进路中所有的基本进路。

（二）选择组电路主要继电器

选择组电路主要继电器包括：

（1）按钮继电器 AJ。

（2）方向继电器。

（3）进路选择继电器 JXJ。

（4）道岔操作继电器。

（5）辅助开始继电器 FKJ。

（6）终端继电器 ZJ。

（7）列车开始继电器 LKJ。

（三）选择组电路时序逻辑

根据所设计的信号平面布置图，就可以写出选择组各继电器的时序逻辑表达式，进而能够有效地提升联锁电路的熟练程度，这将夯实分析并处理联锁电路故障的基础。

（四）模拟系统的研究目的

本系统依据车站选择组电路的时序逻辑设计出的车站选择组电路动作模拟系统，能够直观地看到选择组电路的动作过程、时序逻辑，对于提升信号专业技术人员的专业水平起到重要的作用。

本系统通过对车站选择组电路的工作原理和动作过程进行分析研究，依据所设计的车站平面布置图，完成选择组联锁电路的设计。车站站场通过硬件电路实现，联锁电路通过软件实现，再利用通信协议，完成硬件与软件的数据交互，实现模拟系统相关功能。

（五）模拟系统整体设计

车站选择组电路模拟系统分为硬件下位机和软件上位机两部分（张高廷等，2019）。硬件部分包括开关操作部分以及下行站场的标准图。上位机部分包括选择组电路图以及按钮指示灯。值得注意的是，通过硬件下位机动作可以控制上位机的联锁表示，但是上位机的软件不可单独进行操作。当上位机收到下位机的指令后，将信息反馈至下位机进行表示。硬件部分和软件部分通过 USB-micro-B 进行连接，硬件下位机自身不带电池，只能通过与上位机的连接实现上电。模拟系统整体设计结构如图 4-1 所示。

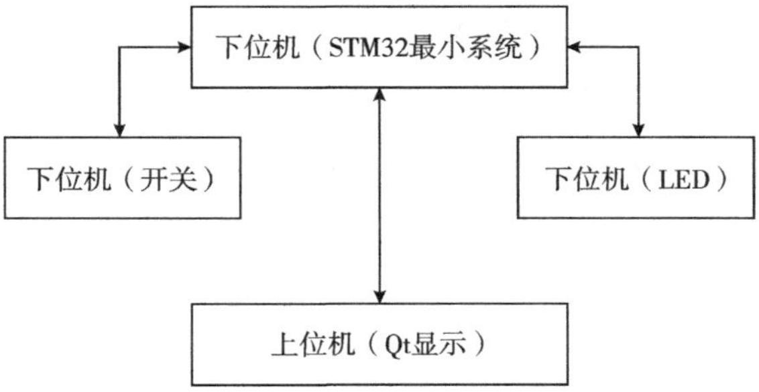

图 4-1　模拟系统整体结构

1. 下位机硬件设计需求及设计内容

（1）下位机硬件设计需求。

1）构造整体硬件的排位。

2）硬件部分的可靠性要求每个模块之间互不干扰，电路板的故障率低。

3）能够实现联锁功能按钮和信号机的常态显示。

4）能够模拟显示站场行车时相应的信号灯。

5）能够在进路办理完成后，通过按压始端按钮复原进路，信号灯进行常态显示，保证行车安全。

（2）下位机设计内容。为了使下位机部分稳定可靠，其设计内容包括：

1）确定最小系统的 CPU 芯片，并根据芯片属性以及规则进行拓展安装配套硬件。

2）选用合理大小的开关并进行顺序编排。

3）开关与 LED 的各项连接部分采用 74HC595D 与 74HC165D 两种寄存器，这两款寄存器常用于级联连接，通过串行和并行数据传输方式，实现对大量输入/输出设备的控制和数据处理，保证在输入输出数据时的稳定性。

4）基于 STM32F103C8T6 设计了处理系统，此芯片是一款高性能、低功耗的 32 位微控制器，基于 ARM Cortex-M3 内核，具有丰富的外设功能和灵活的开发支持。它适用于多种应用领域，包括工业控制、嵌入式系统和自动化设备等，保证了控制开关发送信号与接收上位机数据的稳定性。基于此系统可对开关与 LED 部分根据实际需求继续进行拓展。

2. 上位机设计需求及设计内容

（1）上位机设计需求。上位机程序部分总体上分为联锁电路绘制、串口发送接收报文、联锁电路动作逻辑三大部分（王珊珊和王成娟，2021）。联锁电路绘制部分是将无变化（标识）部分在界面中直接体现；串口发送接收报文是配合下位机进行控制指令的执行，并对收到的报文数据进行解析；联锁电路动作逻辑包括部分的绘图，其主要目的是实现电路的逻辑动作过程。因此，上位机实现的功能如下：

1）直观展现联锁电路动作界面，显示按钮的状态。

2）内部串口指令在一定情况下检测接收发送的指令，这一功能需要配合在下位机的操作。

3）根据自定义的通信协议直接在上位机程序部分编写指令，无须开启串口助手，通过定义开关与 LED 的比特率来实现上位机的接收反馈过程。

4）设置#ifdef 鼠标屏蔽语句，使上位机只由下位机进行操控。

（2）上位机设计内容。上位机系统是与下位机或设备进行通信并进行数据处理、控制和监控的计算机系统。它通常是一个运行在 PC 或服务器上的软件应用程序，提供图形用户界面（GUI）和功能模块，用于与下位机设备进行数据交换、配置参数、实时监控和数据分析等操作。在开始运行时上位机会进行初始化即设定的初始状态，此时应已经连接好硬件下位机，上位机对下位机进行实时扫描同时读取数据。在对下位机进行操作后上位机检测到输入变化则执行相应的逻辑语句，此时可以在用户界面看到相应的原理显示。上位机系统流程如图 4-2 所示。

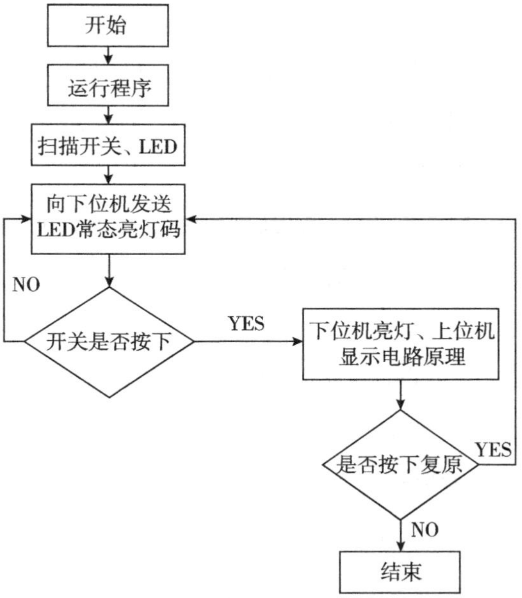

图 4-2　上位机系统流程

3. 通信协议设计需求及设计内容

（1）在模拟系统中，通信系统要能够实现上位机与下位机的通信，具体要求如下：

1）能够为硬件电路供电。

2）能够安全可靠地实现上位机和下位机的信息传输与报文解析。

3）设计使用 STM32F103C8T6 芯片的最小系统，实现电路板的整体驱动，以及数据接收发送与报文解析等功能。

4）保障通信过程的自动进行，使接收与发送信息具有实时性。

5）保障通信系统能够触发联锁电路的动作逻辑、开关、信号灯及上位机的内部程序。

（2）通信协议设计内容。自定义通信协议是根据特定应用需求而定制的用于通信的协议规范，该协议规定了通信的数据格式、数据传输方式、消息解析规则等内容。通过自定义通信协议，可以实现设备之间的数据交换和通信，满足特定应用场景下的通信需求。本模拟系统自定义通信协议的过程包括以下几个步骤：

1）协议需求分析。在设计自定义通信协议之前，明确应用场景中的通信需求和目标，包括确定通信的数据类型、数据量大小、通信频率、通信的可靠性要求等。

2）数据格式定义。自定义通信协议需要定义通信数据的格式，包括数据帧的结构、字段的含义和数据类型。常见的数据格式包括二进制格式、文本格式或者特定的数据编码方式，如 JSON、XML 等。

3）消息解析规则。自定义通信协议需要定义消息解析的规则，即如何将接收到的数据进行解析和处理。这包括确定起始标识符、数据分割方式、校验和验证规则等。

4）数据传输方式。自定义通信协议可以基于不同的物理层传输介质，如串口、以太网、无线通信等。需要根据应用需求选择合适的传输方式，并在协议中定义相应的数据传输方式和传输控制机制。

5）协议文档和规范。自定义通信协议的设计过程需要详细记录协议规范，包括数据格式、消息解析规则、通信流程等内容，并编写协议文档，以便开发人员进行开发和集成。设计自定义通信协议需要考虑通信的灵活性、可靠性、效率和安全性等方面的因素。同时，通信协议的设计应尽量与现有的通信标准和技术相兼容，以便与其他设备或系统进行互操作。总而言之，自定义通信协议是为了满足特定应用需求而设计的一种通信规范，通过定义数据格式、消息解析规则和数据传输方式等内容，实现设备之间的数据交换和通信。

（六）模拟系统下位机硬件设计

1. 下位机面板设计

该模拟系统的下位机需要设计一个标准的车站站场作为面板，该设计采用标准站场的下行部分，面板设计如图 4-3 所示。

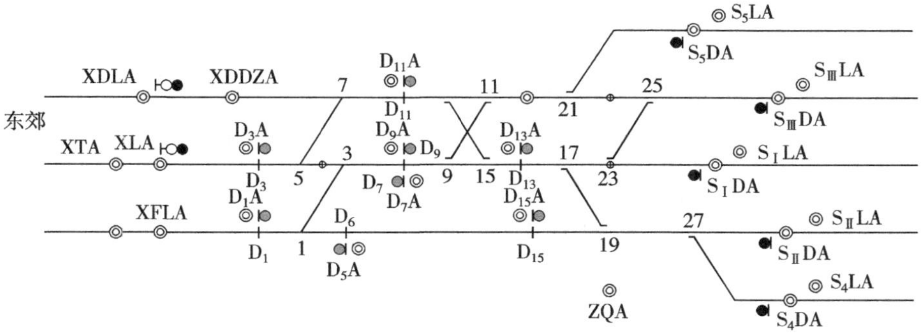

图 4-3　下位机硬件面板设计

（1）面板布局描述。下位机面板设置站场图的主要目的是在按下相关 LA、DA 后，通过对应位置的 LED 来体现进路的选出，对于整体方向继电器电路的设计起到辅助表现的作用。在对站场图进行布局后，要写出所有接车发车与调车的联锁情况，同时表明按钮的选择逻辑。对于下行方向站场里所对应的控制开关逻辑设计如表 4-1、表 4-2 所示，其只包含了使用到的开关逻辑以及部分拓展。

表 4-1 列车进路逻辑表

	按键	信号机	显示	表示器
东郊方面	S_5LA XDLA	S_5	L	
	$S_{Ⅲ}$LA XDLA	$S_{Ⅲ}$	L	
	$S_{Ⅰ}$LA XDLA	$S_{Ⅰ}$	L	
	$S_{Ⅱ}$LA XDLA	$S_{Ⅱ}$	L	
	S_4LA XDLA	S_4	L	
北京方面正方向发车	S_5LA XFLA	S_5	U	
	S_5LA XFLA	S_5	LU	
	S_5LA XFLA	S_5	L	
	$S_{Ⅲ}$LA XFLA	$S_{Ⅲ}$	U	
	$S_{Ⅲ}$LA XFLA	$S_{Ⅲ}$	LU	
	$S_{Ⅲ}$LA XFLA	$S_{Ⅲ}$	L	
	$S_{Ⅰ}$LA XFLA	$S_{Ⅰ}$	U	
	$S_{Ⅰ}$LA XFLA	$S_{Ⅰ}$	LU	
	$S_{Ⅰ}$LA XFLA	$S_{Ⅰ}$	L	
	$S_{Ⅱ}$LA XFLA	$S_{Ⅱ}$	U	
	$S_{Ⅱ}$LA XFLA	$S_{Ⅱ}$	LU	
	$S_{Ⅱ}$LA XFLA	$S_{Ⅱ}$	L	
	S_4LA XFLA	S_4	U	
	S_4LA XFLA	S_4	LU	
	S_4LA XFLA	S_4	L	
正方向接车	XLA $S_{Ⅲ}$LA	X	U、U	
	XLA $S_{Ⅰ}$LA	X	U	
	XLA $S_{Ⅱ}$LA	X	U、U	
	XLA S_4LA	X	U、U	

表 4-2 调车进路逻辑表

	方向	进路	按键	开放信号机	显示
调车进路	D_1	至 D_9	D_1A D_7A	D_9	B
		至 D_{15}	D_1A D_5A	D_9	B

续表

	方向	进路	按键	开放信号机	显示
调车进路	D_3	至 D_9	$D_3A\ D_7A$	D_3	B
		至 D_{11}	$D_3A\ D_{11}A$	D_3	B
	D_5	向 D_1	$D_5A\ D_1A$	D_5	B
	D_7	向 D_1	$D_7A\ D_1A$	D_7	B
		向 D_3	$D_7A\ D_3A$	D_7	B
	D_9	至 5 股道	D_9A S5DA	D_9	B
		至 D_{13}	$D_9A\ D_{13}A$	D_9	B

（2）下位机硬件电路整体结构。硬件电路是设备子系统的主体，本模拟系统包括五个模块，分别是最小系统 MCU、电源模块、USB-imcro-B 模块、开关模块、LED 模块，其电路图分别如图 4-4 至图 4-8 所示。

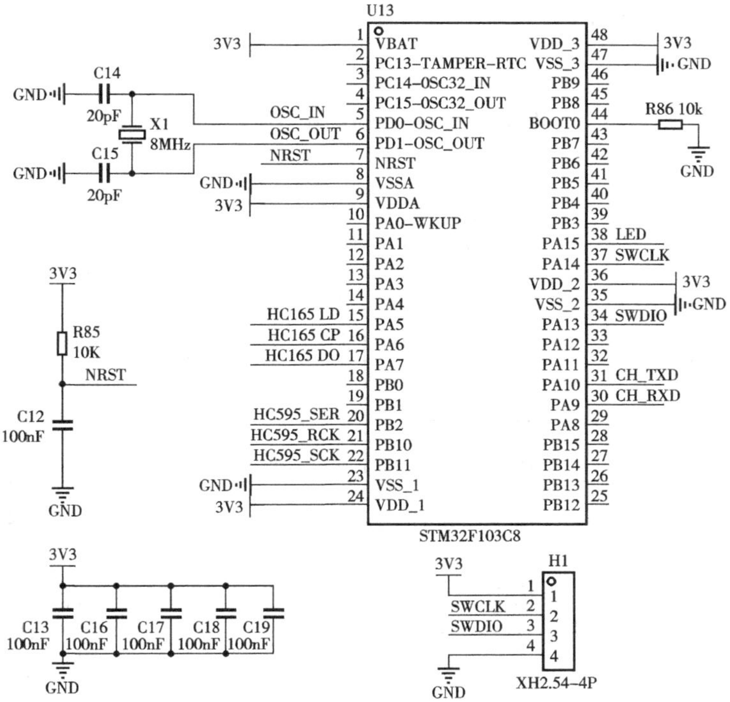

图 4-4 最小系统 MCU 电路图

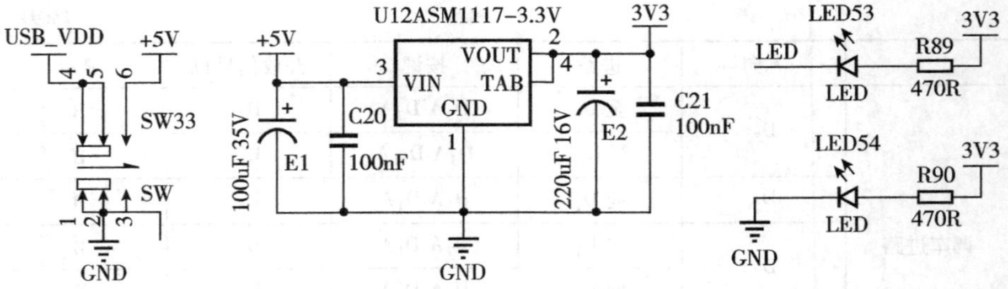

图 4-5　电源模块电路图

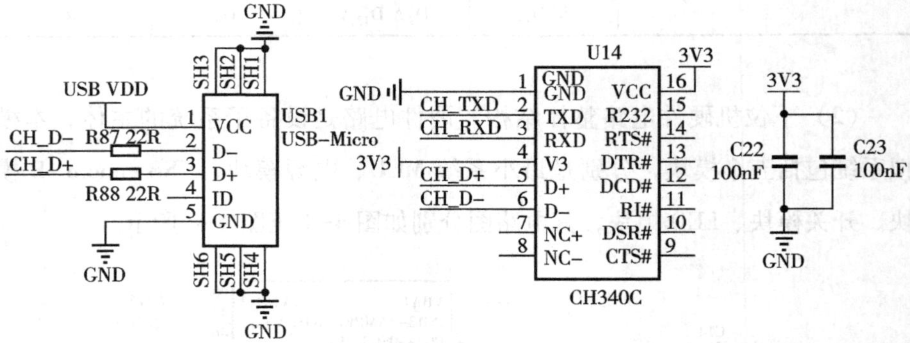

图 4-6　USB-imcro-B 模块电路图

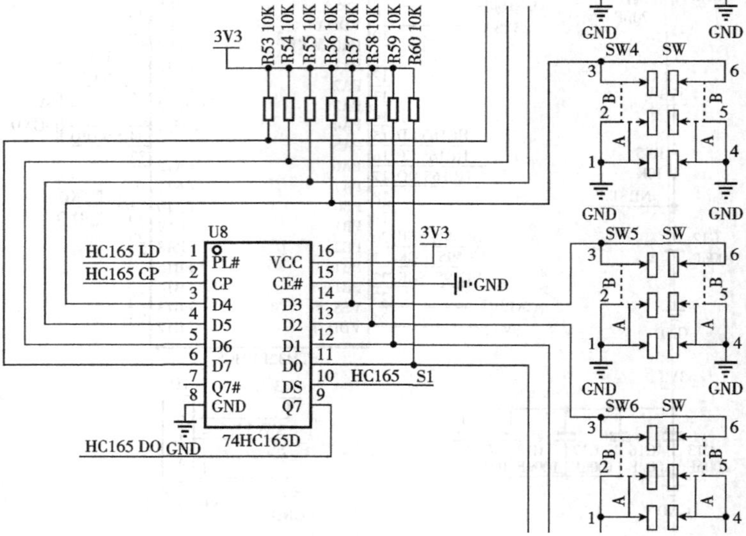

图 4-7　开关模块电路图

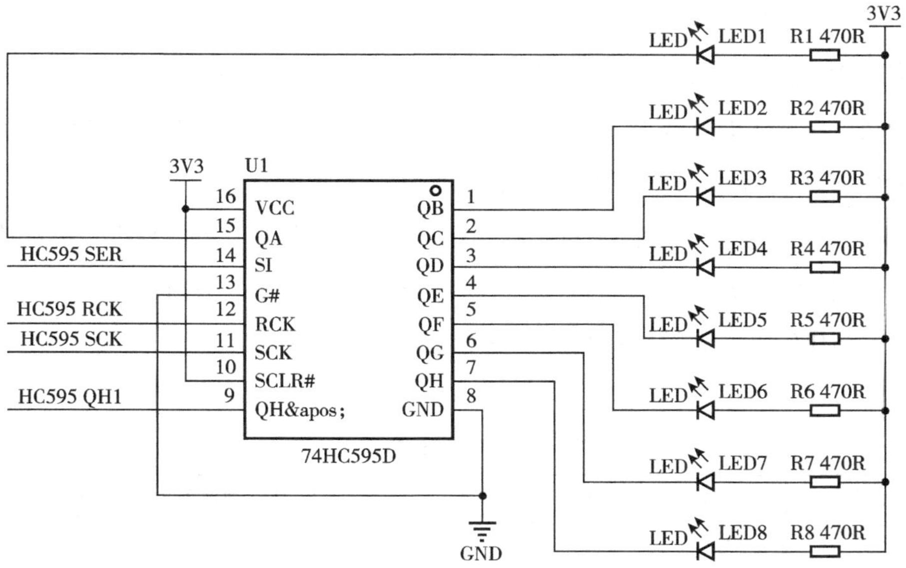

图 4-8　LED 模块电路图

在整体电路图中，核心部分是 STM32F103C8T6 最小系统。它包括最基本的组件和电路，以满足基本的功能需求。包括如下四个部分：

1）主控芯片。STM32F103C8T6 是系统的核心，它基于 ARM Cortex-M3 内核，具有 32 位处理能力、丰富的外设和存储器。

2）时钟电路。最小系统通常包括一个晶振电路或外部时钟源，用于为芯片提供稳定的时钟信号。

3）复位电路。复位电路用于对芯片进行复位操作，确保系统在启动时处于稳定状态，通常包括复位按钮或复位电路芯片。

4）电源电路。电源电路用于为芯片和外部电路提供电源供电，通常包括电源管理芯片、稳压器和电源连接器。

（3）内部通信协议的设计。通信协议使用全盘状态读取方式（曹德安，2023），比特位为 1 表示按下，比特位为 0 表示没有按下。取 8 位为一组由

0~7 为开关进行编组，LED 灯同样做编组，字节位为编组序号。通信协议支持 ASC_{II}/Hex 发送，发送和接收的数据可以在 16 进制和 ASC_{II} 码之间任意切换。在发送的数据尾部可以自动增加校验位，以满足多种校验格式。ASC_{II} 码和 Hex 都是常用的编码表示方式，用于表示字符、数字和数据。ASC_{II} 码使用 7 位二进制数表示 128 个字符，包括英文字母、数字、标点符号和控制字符等。如 16 进制的 01 06 01 08 代表打开第 7 个 LED 灯。可以利用这类代码来检测所有 LED 灯。发送应答如表 4-3 所示。

表 4-3　发送应答

项目	命令 ID	数据 0	数据 1	数据 2	数据 3	SUM 校验
发送	0x04	0x??	0x??	0x??	0x??	0x!!
应答	0x84	0xFF	0x00	0x00	0x00	0x83

（4）下位机主体电路板的设计。

1）AD（Altium Designer）软件。它是一款专业的电子设计自动化（EDA）软件，广泛用于电路设计、PCB 布局和制造过程中。其主要特点和功能包括可以提供强大的电路设计功能，具备先进的 PCB 布局和路由功能，集成了供应链管理功能，内置了强大的仿真引擎，并提供了一系列制造文件生成工具。

2）主体电路板 PCB 图。依据所设计的原理图，生成了 PCB 板，如图 4-9 所示。

（5）下位机硬件调试。硬件部分的实物电路板如图 4-10 所示。

硬件部分电路调试是检测电路板是否能正常工作，并实现设计功能的重要一步。Keil MDK 是一款集成开发环境（IDE），专为嵌入式系统的开发和调试而设计。Keil MDK 软件提供了一套全面的工具和环境，支持嵌入式系统的开发和调试。

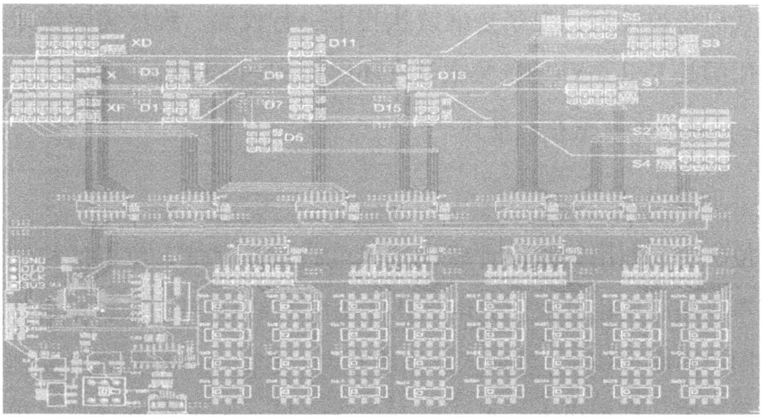

图 4-9　PCB 原理图

图 4-10　硬件部分实物电路板

该系统主要围绕 if（LED_ ms>500）、if（KEY_ ms>1）等语句进行调试。通常 if 语句用于根据条件的真假来控制程序的执行流程。在 KEY 中，如果按键的时间大于 1 毫秒，那么条件判断结果为真，if 语句块中的代码将会被执行；如果条件判断结果为假（按键时间小于等于 1 毫秒），则 if 语句块中的代码将被跳过，程序会继续执行下一行代码。程序需要烧录进单片机，使用的是 Keil u Vision5 集成开发环境和 ST-Link/V2 调试器。

（七）模拟系统上位机设计

1. 上位机软件

上位机主要利用软件设计联锁逻辑电路，并通过下位机的控制进而显示出逻辑电路的变化过程。上位机软件使用的是 Qt 平台，该平台广泛应用于图形用户界面（GUI）和嵌入式系统开发。它的主要特点之一是能够支持多个操作系统，具有很大的灵活性和效率。另一个重要特点是采用了信号和槽机制，这是开发人员能够实现松耦合的组件通信（曹刚等，2023）。

2. 上位机主要程序与逻辑关系

上位机的主要作用是显示电路的动作过程，其过程包括继电器的吸起和落下的变化，也包括电流通过两个电极时的变化。上位机还需要与下位机之间实现通信。因此，上位机部分的设计主要包括三大模块：

（1）界面显示模块。这一模块包括车站选择组继电器电路的连接关系，可通过 Qt 的画图功能实现。在建立了整体图层后，需要嵌套逻辑并从中挑选出存在逻辑关系的电路和继电器。在程序编写时，需要有两个阶段：第一阶段是将静态的逻辑电路绘制在界面中，第二阶段将为静态图中加入鼠标点击事件，并移除第一阶段中重复的部分。

（2）点击事件部分。在逻辑电路绘制完成后，需要为操作人员定义点击界面时的具体位置，以及触发事件的按钮表示，经过编程后，能够实现对进路命令的作业，进路命令包括选路命令、取消进路命令等。

（3）串口通信部分。这一部分是在前两部分完成后的整体操作。系统将根据下位机自定义的通信协议直接在程序中进行绑定，以便上位机在连接到下位机时直接对其进行收发命令。需要注意的是，经过此部分后，第二部分会设置鼠标屏蔽语句以达到下位机的全局控制。

根据上位机的整体结构可以总结出上位机设计需要满足的三部分模块，即界面显示部分、点击事件部分，以及串口通信部分（王海燕和龙辛，2012）。上位机程序运行结果如图 4-11 所示。

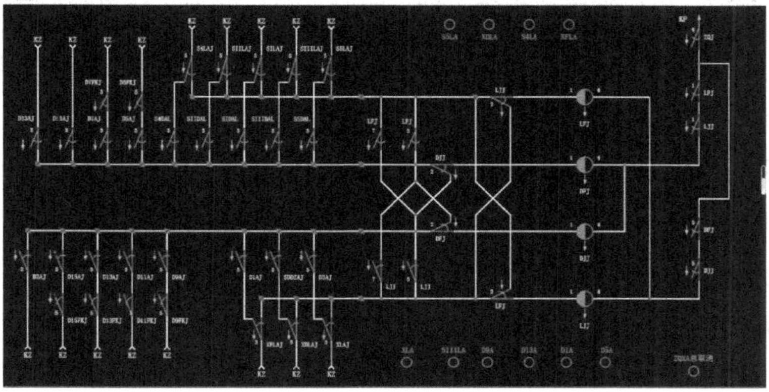

图 4-11 上位机界面显示

本系统设计时，不需要在 Qt 中设置串口助手界面，因此，在设计过程中采用外部串口助手来检测上位机和下位机发送接收的命令。依据所发送接收的内容在 Qt 内部进行定义，界面中的标志位都需要对其进行定义，否则 Qt 将自动识别，注释定义语句为 bool XXX=false。

3. 程序模块描述

上位机界面的静态绘制所使用的函数包括 QPainter 功能中的 P. drawLine、QPointF、P. drawEllipse 等。为联锁电路增加逻辑关系使用 if（XXX）{else {语句]，其显示效果类似图层替换。#ifdef mouse_ MODE 可以屏蔽鼠标事件但事件仍然存在。以上便是对显示页面的基础操作，同时也是最后成果展示的重要部分。

最后设置串口通信部分，增加<QSerialPort><QSerialPortInfo>语句以及槽函数语句，串口部分需要自定义，在实际操作调试过程中出现串口等待用户定义情况，对此增加两种模块：一是串口自动扫描，二是串口待命情况。前者部分设备连接下位机时会直接识别串口，后者需要用户在程序中根据自己的设备串口自行命名如“［UARTINFO］当前串口数量唯一，自动打开串口”情况。串口需要接收槽函数，同时设置定时器，这里定时的单位是毫秒，第一次定时要给系统足够时间，最好不低于1000毫秒。定时时间结束发送按键扫描指令槽函数，refreshLED_Init（）使LED灯进行初始化，同时对其进行整列控制，在发送的数据均为16进制。根据allKey_responster与allLED_responster进行ID读取，再根据sum_check完成数据校验。在末尾阶段再次嵌入if语句关联到相关的定义开关实现上位机逻辑运行，同时也包括对下位机LED灯的控制。开关使用情况如表4-4所示。

表4-4　开关使用情况

开关使用情况	$SW_3=XFLA$	$SW_{10}=D_5A$	$SW_{26}=S_{Ⅲ}LA$
$SW_1=XDLA$	$SW_7=D1A$	$SW_{18}=D_{13}A$	$SW_{30}=S_4LA$
$SW_2=XLA$	$SW_9=D_9A$	$SW_{25}=S_5LA$	$SW_{32}=ZQA=ZQXA$

公式逻辑关系如下：

（1）$XLA+S_mLA=LED_7+LED_{10}+LED_{38}=$亮；$XLA+S_mLA=LED_8=$灭。

（2）$D_9A+D_{13}A=LED_{24}+LED_{29}=$亮；$D_9A+D_{13}A=LED_{23}=$灭。

（3）$D_1A+D_5A=LED_{20}+LED_{25}+LED_{27}+LED_{31}=$亮；$D_1A+D_5A=LED_{19}=$灭。

（4）$S_5LA+X_D LA=LED_{35}+LED_3=$亮；$S_5LA+X_D LA=LED_{34}=$灭。

（5）$S_4LA+X_F LA=LED_{51}+LED_1=$亮；$S_4LA+X_F LA=LED_{50}=$灭。

（八）模拟系统应用效果

该模拟系统的设计是为了能够模拟联锁电路中的选择组网络的逻辑关

系，帮助学生掌握选择组网络中各个继电器的工作逻辑关系，训练故障处理能力。

模拟系统的应用效果举例如下：

1. 下行接车X至Ⅲ股道

若办理下行接车X至Ⅲ股道，在下位机硬件按下XLA，在上位机界面可以观察到按钮继电器XLAJ励磁吸起，进而其前接点接通LJJ的励磁电路，在上位机界面中将能够显示励磁电路的动作过程：

$KZ—XLAJ_{51-52}—LFJ_{21-23}—LJJ_{1-4}—DJJ_{13-11}—DFJ_{13-11}—ZQJ_{43-41}—KF$

LJJ的吸起说明办理的是列车接车方向进路。在下位机再按下$S_{Ⅲ}$LA，$S_{Ⅲ}$LA吸起。其自闭电路为：

$KZ—S_{Ⅲ}LAJ_{51-52}—LJJ_{21-22}—LFJ_{21-23}—LJJ_{1-4}—DJJ_{13-11}—DFJ_{13-11}—ZQJ_{43-41}—KF$

在动作过程中，按下$S_{Ⅲ}$LA后LFJ的励磁电路已经被LJJ第二组后接点断开，所以LFJ不能励磁进而区分进路的运行方向。效果显示如图4-12、图4-13所示。

图4-12 下行接车X至Ⅲ股道下位机显示情况

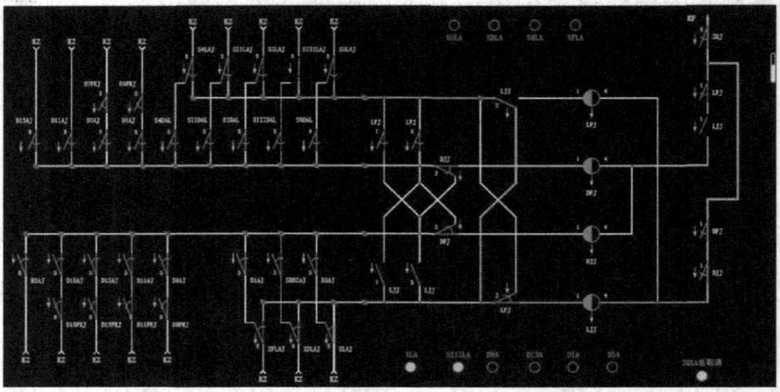

图 4-13　下行接车 X 至Ⅲ股道上位机显示情况

2. 选排 D_9 至 D_{13} 调车进路

在下位机按下 D_9A，在上位机界面看到按钮继电器 D_9AJ 励磁吸起。按照联锁逻辑，由于 D_9A 是先按下的，D_9AJ 前接点接通 DJJ 的励磁电路，使 DJJ 吸起，其电路为：

$KZ—D_9FKJ_{51-53}—D_9AJ_{51-52}—DFJ_{21-23}—DJJ_{1-4}—LJJ_{13-11}—LFJ_{13-11}—ZQJ_{43-41}—KFDJJ$

吸起说明办理的是调车接车方向进路。再按下 $D_{13}A$，$D_{13}AJ$ 吸起。其自闭电路为：

$22KZ—D_{13}AJ_{81-82}—DJJ_{21-22}—DFJ_{21-23}—DJJ_{1-4}—LJJ_{13-11}—LFJ_{13-11}—ZQJ_{43-41}—KF$

在动作过程中，按下 $D_{13}A$ 后 DFJ 的励磁电路已经被 DJJ 第二组后接点断开，所以 DFJ 不能励磁进而区分进路的运行方向，效果显示如图 4-14、图 4-15 所示。

图 4-14　选排 D_9 至 D_{13} 调车进路下位机显示情况

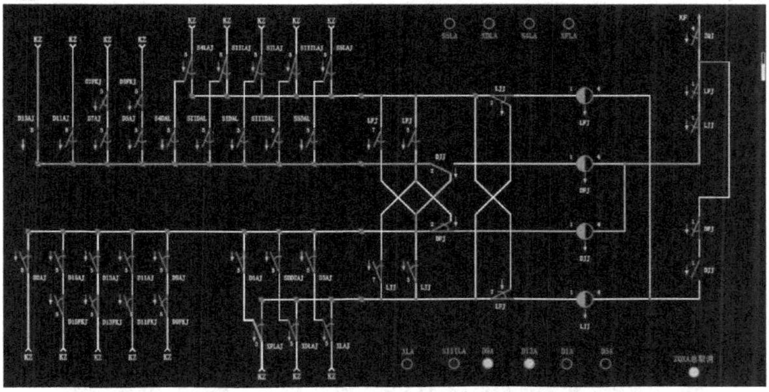

图 4-15　选排 D_9 至 D_{13} 调车进路上位机显示情况

3. 选排 D_1 至 D_{15} 调车进路

在下位机按下 D_1A，按钮继电器 D_1AJ 励磁吸起，由于 D_1AJ 是先按下的，D_1AJ 前接点接通 DJJ 的励磁电路，使 DJJ 吸起，其电路为：

KZ—$XFLAJ_{51-53}$—D_1AJ_{51-52}—DFJ_{21-23}—DJJ_{1-4}—LJJ_{13-11}—LFJ_{13-11}—ZQJ_{43-41}—KF

DJJ 吸起说明办理的是调车接车方向进路，在下位机再按下 $D_{13}A$，$D_{13}AJ$ 吸起。其自闭电路为：

$KZ—D_5FKJ_{51\text{-}53}—D_5AJ_{51\text{-}52}—DJJ_{21\text{-}22}—DFJ_{21\text{-}23}—DJJ_{1\text{-}4}—LJJ_{13\text{-}11}—LFJ_{13\text{-}11}—ZQJ_{43\text{-}41}—KF$

在动作过程中，按下 D_5A 后 DFJ 的励磁电路已经被 DJJ 第二组后接点断开，所以 DFJ 不能励磁，进而区分进路的运行方向。效果显示如图 4-16、图 4-17 所示。

图 4-16　选排 D_1 至 D_{15} 调车进路下位机显示情况

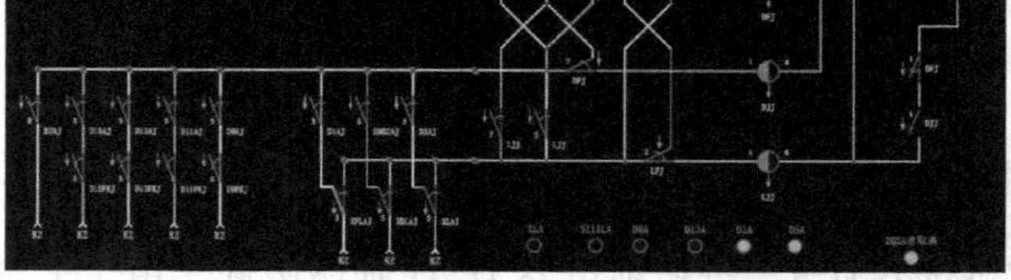

图 4-17　选排 D_1 至 D_{15} 调车进路上位机显示情况

4. 选排 5 股道至东郊发车进路

在下位机按下 S_5LA，按钮继电器 S_5LAJ 励磁吸起，由于 S_5LAJ 是先按下的，S_5LAJ 前接点接通 LFJ 的励磁电路，使 LFJ 吸起，其电路为：

$KZ—S_5LAJ_{51-52}—LJJ_{21-23}—LFJ_{1-4}—DJJ_{13-11}—DFJ_{13-11}—ZQJ_{43-41}—KF$

LFJ 吸起说明办理的是调车接车方向进路，再按下 XDLA，XDLAJ 吸起。其自闭电路为：

$KZ—XDLAJ_{51-52}—LFJ_{21-22}—LJJ_{21-23}—LFJ_{1-4}—DJJ_{13-11}—DFJ_{13-11}—ZQJ_{43-41}—KF$

在动作过程中，按下 XDLA 后，LJJ 的励磁电路已经被 LFJ 第二组后接点断开，所以 LJJ 不能励磁进而区分进路的运行方向。效果显示如图 4-18、图 4-19 所示。

图 4-18　选排 5 股道至东郊发车进路下位机显示情况

5. 选排 4 股道至正方向 XF 发车进路

在上位机按下 S_4LA，按钮继电器 S_4LAJ 励磁吸起。由于 S_4LA 是先按下的，S_4LAJ 前接点接通 LFJ 的励磁电路，使 LFJ 吸起，其电路为：

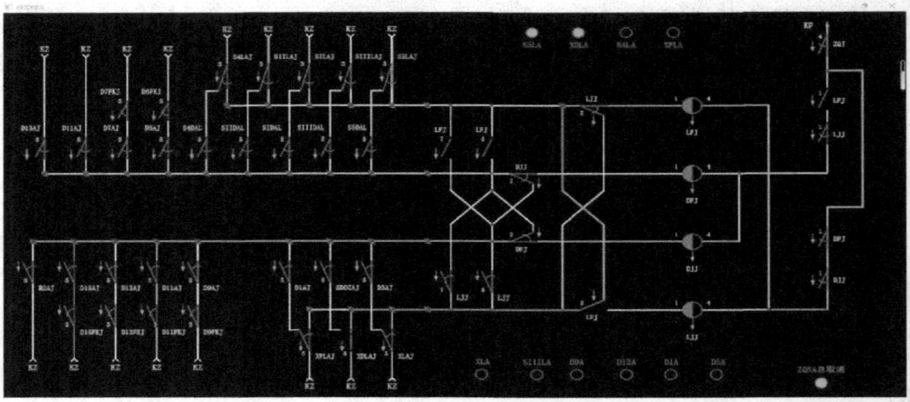

图 4-19　选排 5 股道至东郊发车进路上位机显示情况

KZ—S_4LAJ_{51-52}—LJJ_{21-23}—LFJ_{1-4}—DJJ_{13-11}—DFJ_{13-11}—ZQJ_{43-41}—KF

LFJ 吸起说明办理的是调车接车方向进路，再按下 XFLA，XFLAJ 吸起。其自闭电路为：

KZ—$XFLAJ_{51-52}$—LFJ_{21-22}—LJJ_{21-23}—LFJ_{1-4}—DJJ_{13-11}—DFJ_{13-11}—ZQJ_{43-41}—KF

在动作过程中，按下 XFLA 后 LJJ 的励磁电路已经被 LFJ 第二组后接点断开，所以 LJJ 不能励磁进而区分进路的运行方向。效果显示如图 4-20、图 4-21 所示。

除以上几种典型操作示例，在下位机上还可以按照办理进路的原则，模拟车站办理进路的方式，进行列车或调车进路的办理，进而在上位机界面中可观察继电电路的励磁、自闭等动作过程，可以将看不到摸不到的联锁逻辑电路清晰地显示出来。同时，当在下位机硬件进行错误的进路办理时，上位机界面将弹出执行错误的提示。

图 4-20　选排 4 股道至正方向 XF 发车进路下位机显示情况

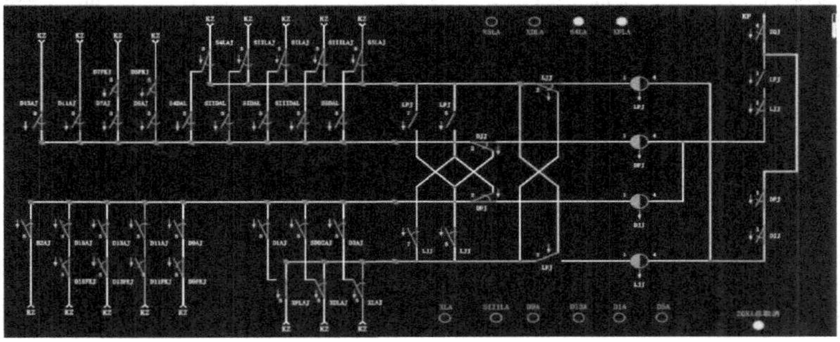

图 4-21　选排 4 股道至正方向 XF 发车进路上位机显示情况

二、出站兼调车信号机点灯电路模拟系统设计

（一）出站兼调车信号机点灯电路的作用

信号点灯电路是安全电路。因为它有室外联系电路，所以设计信号点灯电路时，既要考虑断线保护，又要考虑混线保护。

信号点灯电路断线，信号机就要灭灯。允许灯光灭灯要使信号显示降级，如绿灯或黄灯灭灯时，要自动改点红灯。禁止灯光灭灯时，不允许信号机再开放（一般仅对进站信号机及正线出站信号机）。因此，在每一个信号灯泡上，都串接有灯丝继电器，用以监督灯泡的完整性。

信号点灯电路混线，将点亮平时不应该点亮的灯光。在进站信号机上，同时点亮一个红灯和一个月白灯时引导信号，因此月白灯因混线错误点灯是不允许的。红灯和绿灯或红灯和黄灯同时点灯是乱显示，乱显示应该被认为是禁止信号，但万一这时红灯突然灭灯，将会引起危险，因此，绿灯和黄灯因混线错误点灯也是不允许的。在出站兼调车信号机上，同时点亮红灯和月白灯是乱显示，在调车信号机上，同时点亮蓝灯和月白灯也是乱显示。在此种情况下，如果红灯或蓝灯突然灭灯，则将变为准许调车的信号。但因为这个信号对列车无效，仅对调车有效，所以，一般为了减少室外联系线路，对调车降低要求，对出站兼调车信号机和调车信号机上的月白灯，可不加混线保护措施。

（二）模拟系统设计目的

信号机是铁路重要的三大件之一。信号机的正确显示是列车运行安全的重要保障。当室外信号出现错误时，能够快速准确地找到故障问题非常重要，因此，对于信号机点灯电路的熟悉程度，将决定故障排查及处理的准确度。

该模拟系统能够帮助学习者掌握信号机点灯电路中各个继电器的逻辑关系，训练联锁逻辑电路的故障查找能力，为在现场进行实地操作打下基础。

（三）模拟系统的设计需求

1. 模拟系统的整体设计需求

出站兼调车信号机点灯电路模拟系统分为上位机和下位机两部分。上位机部分用软件仿真出站兼调车信号机点灯电路，并实现点灯电路的动作过程。下位机用单片机和硬件电路模拟车站联锁功能。通过按压下位机硬件按钮，模拟办理列车和调车进路，进而信号机将点亮不同灯光，即可通过上位机界面观察信号机点灯电路的动作过程。上位机和下位机之间采用串口传输方式，下位机通过蓝牙模块将数据传输给上位机，上位机接收到数据后，响应点灯电路。

2. 下位机系统的设计需求

下位机采用STM32最小系统，设计车站站场。采用按键模拟车站办理进路的始终端位置，用LED灯模拟信号机显示。并且，当模拟系统出现故障信息时，通过按压始端按钮和取消进路按钮来取消列车和调车进路。当进路办理完成后，通过按压始端按钮能够复原进路，点亮红灯。

3. 上位机系统的设计需求

模拟系统上位机软件分为操作指令执行、界面部分、串口数据处理三个主要模块。

（1）操作指令执行模块：该模块主要进行进路命令处理。

（2）界面部分：该模块主要完成出站兼调车信号机点灯电路的绘制，并可以展现电路的逻辑关系。

（3）串口数据处理模块：该模块处理上位机与下位机的通信，获取站场信号设备状态数据的功能。系统通过建立Qwidget类窗口的串口助手，实现上位机与下位机的信息交互。串口助手作为主窗口发送信号，主窗口向出站兼调车信号机点灯电路子窗口传递数据。

4. 通信系统的设计需求

在该模拟系统中，通信系统用于实现信息的传输，使上位机和下位机系统之间建立连接。具体需求有以下几点：

（1）安全可靠地完成各子系统的信息交互。

（2）实现上位机及下位机各模块间的状态、运行和驱动等信息的传递。

（3）能够为硬件电路供电。

（4）设计使用 STM32F103ZET6 芯片的最小系统，实现电路板的整体驱动，以及数据接收发送与报文解析等功能。

（5）保障通信过程的自动进行，使接收与发送信息具有实时性。

（6）保障通信系统能够触发联锁电路的动作逻辑、开关、信号灯及上位机的内部程序。

（四）模拟系统的设计方案

1. 模拟系统整体设计方案

本系统主要分为上位机和下位机两部分。上位机利用 Qt 通用平台，设计出站兼调车信号机点灯电路界面，在该界面中，能够显示信号机点灯电路的逻辑关系。下位机硬件部分的功能是能够模拟车站站场，依据车站选排进路原则，在下位机进行列车和调车进路的选排。下位机进行进路选排后，需要通过通信协议将控制命令以报文的形式发送到上位机，并且在上位机完成联锁逻辑电路的动作变化。出站兼调车信号机点灯电路模拟系统整体设计结构如图 4-22 所示。

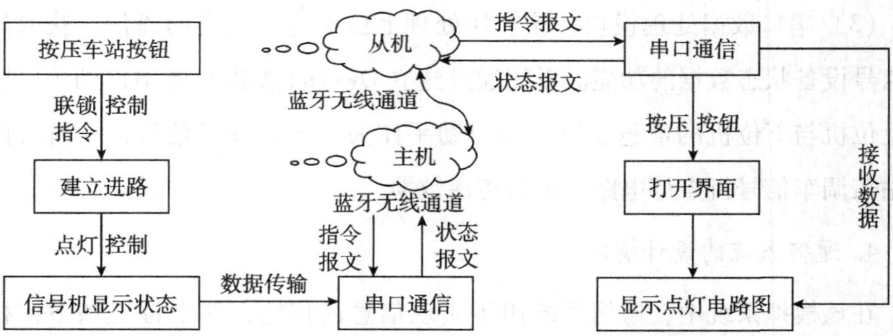

图 4-22　出站兼调车信号机点灯电路模拟系统整体设计结构

2. 模拟系统下位机设计方案

下位机以单片机为主，进行软件与硬件相结合的设计。以核心板加功能模块为设计思路，硬件与软件可以裁剪，方便装配、拆卸与升级；采用模块化设计思想，将多个功能单元进行分解组合，使其具有良好的可移植性及可扩展性；同时通过对硬件电路结构的合理简化，降低了整个电路板的成本。较昂贵的通信模块均不与 PCB 板焊接，而只需将排座装设于 PCB 板内，便于拆装，也便于其他系统复用；基于 STM32 设计多功能智能控制系统，该系统采用模块化结构，具有良好的可移植性。体系的“小而精”可以延伸“大而全”，通过排针将 STM32 单片机空闲的 I/O 口引出，便于操作者以它为母板链接其他外设。模拟系统下位机设计流程如图 4-23 所示。

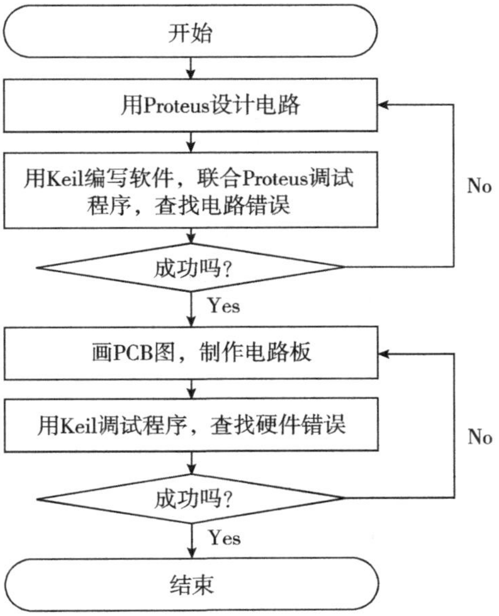

图 4-23　模拟系统下位机设计流程

3. 模拟系统上位机设计方案

上位机部分的主要作用是显示出站兼调车信号机点灯电路的联锁逻辑电路，并能够通过与下位机的通信，接收并解析下位机传送的控制指令，进而在界面中显示联锁电路中各个继电器的动作逻辑关系。上位机直接面向学习者，是模拟系统的重要部分。上位机的工作过程：当上位机软件启动后，接收下位机传送的进路办理指令，读取报文数据并初始化，同时，与下位机通过 hex 模式实现通信命令交互，以 hex 模式向上位机发送数据“1234567”，上位机接收后，通过槽和信号，调用对应的函数。当下位机办理列车或调车进路后，将进路操作指令按照通信协议的规定数据格式整理好，发送到上位机，上位机接收数据后，个人串口助手对下位机向上位机发送的设备状态报文进行解析，实现上位机界面中联锁电路的联锁逻辑动作。上位机工作流程如图 4-24 所示。

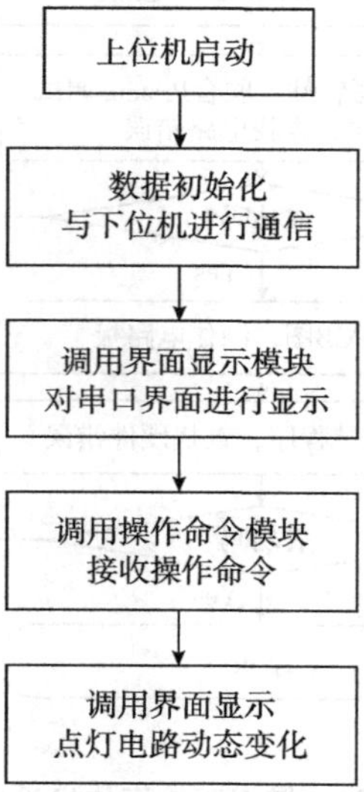

图 4-24　上位机工作流程

4. 模拟系统通信方式设计

该模拟系统需要实现可靠的通信，在设计中选择 HC-05 蓝牙通信模块。该模块兼容 USART 串口，通信可靠性好。将主机连接到 STM32 单片机的 USART 串口，HC-05 模块连接到相应的引脚，从机通过 USB 转 TTL 连接到计算机。

主设备运行模式：运行于主设备模式下，可连接一个从设备。当处于主设备模式时，通过将所接收到的信息和预先设置的程序存储于存储器中，判断是否有用户想要连接从机，如果是则执行预定操作；否则不处理。在该模型中，可搜索周边设备，选择需要联系的从设备进行连接。其串口连接模块如图 4-25 所示。

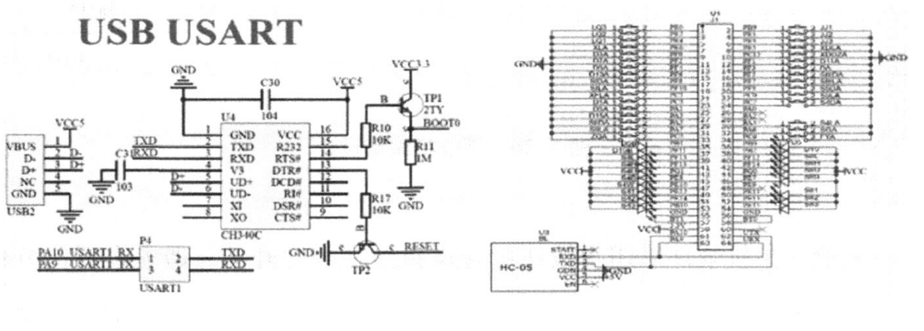

图 4-25 串口连接模块

（五）模拟系统下位机设计

1. 模拟系统下位机布局

本系统设计的站场图是三方向五股道。采用进路表示器区分三个发车方向，出站信号机有 H、L、U、LU 四种显示，调车信号显示 B 灯。此外，站场图中还包括按钮，用来模拟站场办理进路。站场设计如图 4-26 所示。

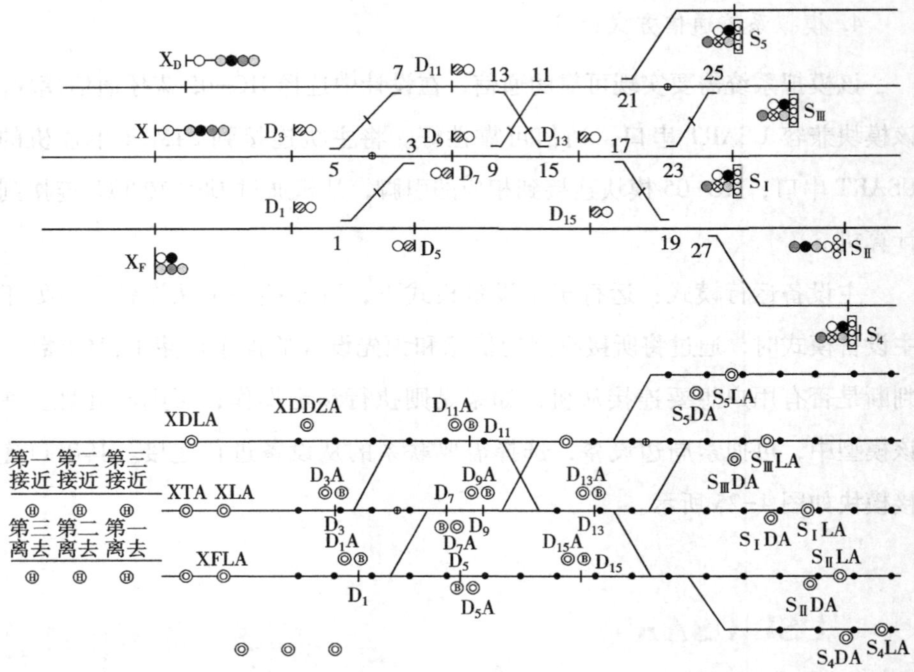

图 4-26 下位机站场设计

系统下位机硬件采用双按钮组合逻辑设计控制开关，即先设置区分列车进路和调车进路的总按钮，在进路始终端信号点的位置上分别设置相应开关。该站场所对应的控制开关逻辑设计如表 4-5、表 4-6 所示。

表 4-5 列车进路逻辑

方向	按键	股道	开放的信号灯	表示器	情况
东郊方向发车	S_5LA X_DLA	S_5	L	B-C	
	$S_{Ⅲ}$LA X_DLA	$S_{Ⅲ}$	L	B-C	
	$S_{Ⅰ}$LA X_DLA	$S_{Ⅰ}$	L	B-C	
	$S_{Ⅱ}$LA X_DLA	$S_{Ⅱ}$	L	B-C	
	S_4LA X_DLA	S_4	L	B-C	

续表

方向	按键	股道	开放的信号灯	表示器	情况
北京方面正方向发车	S_5LA X_FLA	S_5	U	B-A	二离去占用
	S_5LA X_FLA	S_5	LU	B-A	二离去空闲 三离去占用
	S_5LA X_FLA	S_5	L	B-A	二三离去空闲
	$S_{Ⅲ}$LA X_FLA	$S_{Ⅲ}$	U	B-A	二离去占用
	$S_{Ⅲ}$LA X_FLA	$S_{Ⅲ}$	LU	B-A	二离去空闲 三离去占用
	$S_{Ⅲ}$LA X_FLA	$S_{Ⅲ}$	L	B-A	二三离去空闲
	$S_{Ⅰ}$LA X_FLA	$S_{Ⅰ}$	U	B-A	二离去占用
	$S_{Ⅰ}$LA X_FLA	$S_{Ⅰ}$	LU	B-A	二离去空闲 三离去占用
	$S_{Ⅰ}$LA X_FLA	$S_{Ⅰ}$	L	B-A	二三离去空闲
	$S_{Ⅱ}$LA X_FLA	$S_{Ⅱ}$	U	B-A	二离去占用
	$S_{Ⅱ}$LA X_FLA	$S_{Ⅱ}$	LU	B-A	二离去空闲 三离去占用
	$S_{Ⅱ}$LA X_FLA	$S_{Ⅱ}$	L	B-A	二三离去空闲
	S_4LA X_FLA	S_4	U	B-A	二离去占用
	S_4LA X_FLA	S_4	LU	B-A	二离去空闲 三离去占用
	S_4LA X_FLA	S_4	L	B-A	二三离去空闲
反方向发车	S_5LA XLA	S_5	L	B-B	
	S_5LA D_7A XLA	S_5	L	B-B	
	$S_{Ⅲ}$LA XLA	$S_{Ⅲ}$	L	B-B	
	$S_{Ⅲ}$LA BA XLA	$S_{Ⅲ}$	L	B-B	
	$S_{Ⅰ}$LA XLA	$S_{Ⅰ}$	L	B-B	
	$S_{Ⅱ}$LA XLA	$S_{Ⅱ}$	L	B-B	
	S_4LA XLA	S_4	L	B-B	

表 4-6　调车进路逻辑

方向	进路	按键	对应股道	信号机
S_5D	至 X_D	$S_5DA\ X_DDZA$	S_5	B
	至 D_3	$S_5DA\ D_3A$	S_5	B
	至 D_7	$S_5DA\ D_9A$	S_5	B
$S_{Ⅲ}D$	至 X_D	$S_{Ⅲ}DA\ X_DDZA$	$S_{Ⅲ}$	B
	至 D_7	$S_{Ⅲ}DA\ D_9A$	$S_{Ⅲ}$	B
$S_{Ⅰ}D$	至 X_D	$S_{Ⅰ}DA\ X_DDZA$	$S_{Ⅰ}$	B
	至 D_7	$S_{Ⅰ}DA\ D_9A$	$S_{Ⅰ}$	B
$S_{Ⅱ}D$	至 X_D	$S_{Ⅱ}DA\ X_DDZA$	$S_{Ⅱ}$	B
	至 D_7	$S_{Ⅱ}DA\ D_9A$	$S_{Ⅱ}$	B
	至 D_5	$S_{Ⅱ}DA\ D_{15}A$	$S_{Ⅱ}$	B
S_4D	至 X_D	$S_4DA\ X_DDZA$	S_4	B
	至 D_7	$S_4DA\ D_9A$	S_4	B
	至 D_5	$S_4DA\ D_{15}A$	S_4	B

2. 下位机硬件整体结构

下位机硬件部分是设备子系统的主体，硬件结构如图 4-27 所示。硬件部分包括 STM32 最小系统板、HC-05 蓝牙模块、按键模块和信号表示灯模块。

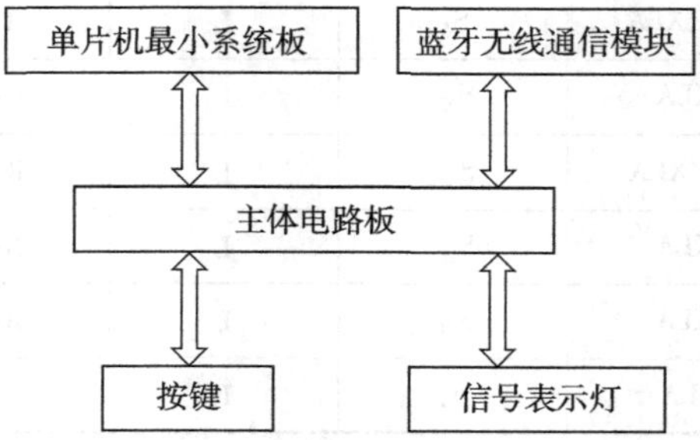

图 4-27　下位机硬件结构

（1）单片机最小系统。该模拟系统下位机硬件采用 144 引脚、512K 的 STM32F103ZET6 型单片机，该最小系统板可引出可用的 I/O 引脚有 108 个，完全满足设计要求。依据 STM32 单片机芯片参考手册 I/O 引脚功能描述，按照硬件布局规划 I/O 引脚使用规则，如表 4-7 所示。

表 4-7　I/O 引脚使用规则

分类		引脚分配规划对应关系									
按键	元件	LQ_3	LQ_2	LQ_1	XLA	D_3A	D_7A	D_9A	$D_{13}A$	$S_{I}DA$	$S_{I}LA$
	引脚	PE_0	PE_2	PE_4	PE_6	PF_0	PF_2	PF_4	PF_6	PF_8	PF_{10}
按键	元件	D_5A	$D_{15}A$	$S_{II}DA$	$S_{II}LA$	ZQA	JJ_1	JJ_2	JJ_3	X_DLA	X_DDZA
	引脚	PA_1	PA_3	PA_5	PA_7	PC_5	PB_9	PE_1	PE_3	PE_5	PC_{13}
按键	元件	$S_{III}DA$	$S_{III}LA$	S_5DA	S_5LA	S_4DA	S_4LA	SGA	FYA	D_1A	BA
	引脚	PF_5	PF_7	PF_9	PC_0	PC_2	PA_4	PA_6	PC_4	PC_3	PF_3
按键	元件	X_FLA	$D_{11}A$								
	引脚	PC_1	PF_1								
表示灯	元件	D_5B	$D_{15}B$	S_4L	S_4H	S_4U	S_4B	S_4W	S_4B-A	S_4B-B	S_4B-C
	引脚	PB_1	PF_{11}	PF_{13}	PF_{15}	PG_1	PE_8	PE_{10}	PE_{12}	PE_{14}	PB_{10}
表示灯	元件	$S_{II}H$	$S_{II}U$	$S_{II}B$	$S_{II}B-A$	$S_{II}B-B$	$S_{II}B-C$	XU	XL	XH	X_2U
	引脚	PF_{14}	PG_0	PE_7	PE_{11}	PE_{13}	PE_{15}	PE_8	PB_6	PB_4	PG_{15}
表示灯	元件	D_3B	D_7	D_7B	D_9	D_9B	D_{13}	$D_{13}B$	$S_{I}L$	$S_{I}H$	$S_{I}U$
	引脚	PG_9	PD_6	PD_4	PD_2	PD_0	PC_{11}	PA_{15}	PA_{13}	PA_{11}	PC_9
表示灯	元件	$S_{I}B-A$	$S_{I}B-B$	$S_{I}B-C$	$S_{III}B-B$	$S_{III}B-C$	D_1	D_1B	XDU	XDL	XDH
	引脚	PG_6	PG_4	PG_2	PD_{14}	PD_{12}	PD_{10}	PD_8	PB_7	PB_5	PB_3
表示灯	元件	D_{11}	$D_{11}B$	X_FU	X_FL	X_FH	X_F2U	X_FB	S_5L	S_5H	S_5U
	引脚	PG_{10}	PD_7	PD_5	PD_3	PD_1	PC_{12}	PC_{10}	PA_{14}	PA_{12}	PA_8
表示灯	元件	S_5B-A	S_5B-B	S_5B-C	$S_{III}L$	$S_{III}H$	$S_{III}U$	$S_{III}B$	$S_{III}W$	$S_{III}B-A$	D_5
	引脚	PG_7	PG_5	PG_3	PD_{15}	PD_{13}	PD_{11}	PD_9	PB_{15}	PE_{13}	PB_0
表示灯	元件	D_3	$S_{I}W$	X_DB	S_5W	D_{15}	XB	$S_{I}B$	X_D2U	S_5B	$S_{II}L$
	引脚	PG_{11}	PG_8	PG_{12}	PC_6	PB_2	PG_{13}	PC_7	PG_{14}	PCB	PF_{12}

（2）主体电路板原理图设计。依据系统功能设计，将各个引脚的使

用进行规划，用 Altium Designer 完成主体电路板原理图的设计。原理图如图 4-28 所示。

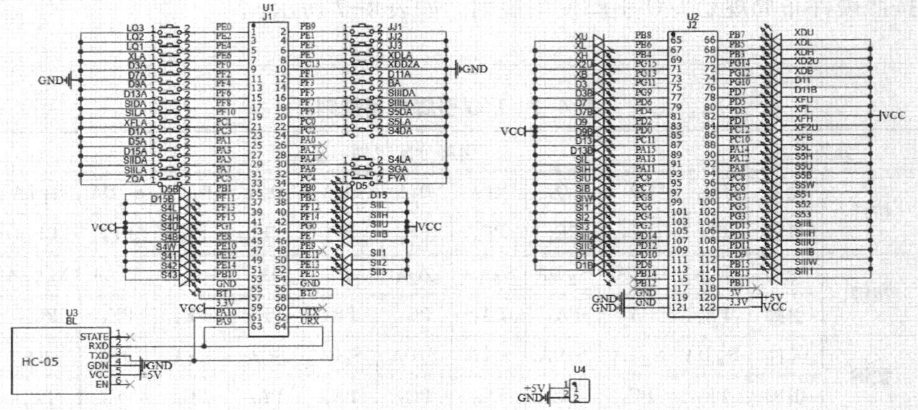

图 4-28　主体电路板原理图

（六）模拟系统上位机设计

模拟系统上位机设计采用 Qt 通用平台，Qt 提供了信号和槽的概念，非常适用于面向对象的结构化编程。

1. 模拟系统上位机结构分析

上位机的重要作用是能够显示出站兼调车信号机点灯电路的整体联锁电路，通过与下位机的通信协议，接收下位机的控制指令，实现通过下位机进路办理的操作过程，进而控制上位机联锁电路的动作变化。上位机部分的总体结构可以分为三个模块。上位机模块结构如图 4-29 所示。

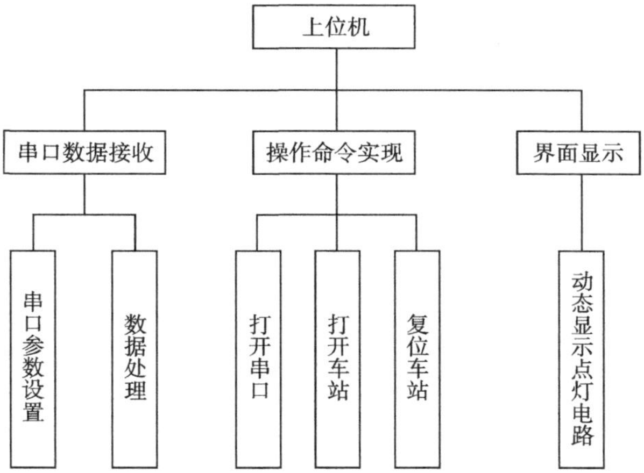

图 4-29 上位机模块结构

（1）串口数据接收模块。串口数据接收模块负责信号机点灯电路数据和串口通信数据的初始化。上位机通过从串口读取数据，实现界面中信号机点灯电路的动作变化。

（2）界面显示模块。上位机界面主要任务是能够显示出站兼调车信号机点灯电路的静态电路情况，以及动态的逻辑关系动作。

（3）操作命令执行模块。该模块的主要功能是能够获取下位机的操作指令，如选路指令、进路取消指令等。

2. 上位机通信方式设计

该模拟系统采用“个人串口助手”进行数据的接收和解析。将串口界面作为父类窗口，串口助手接收下位机传送的控制命令，接收到报文数据后，触发槽函数，进而控制联锁电路进行相应的动作。上位机串口通信界面如图 4-30 所示。

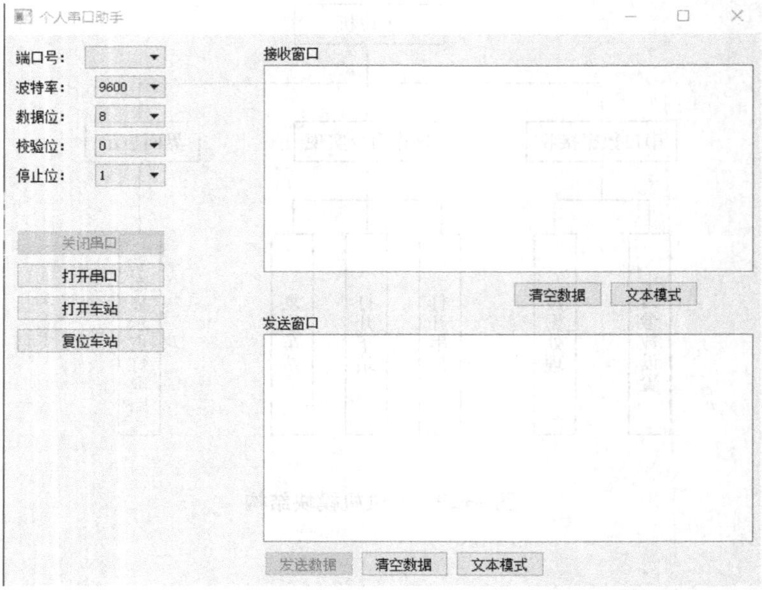

图 4-30 上位机串口通信界面

（七）模拟系统应用实例

1. 模拟系统的下位机和上位机初始状态

模拟系统在初始状态，下位机的站场图应该处于静态，即信号设备中的信号机处于红灯状态，开放禁止灯光。上位机的出站兼调车信号机点灯电路处于静态，电路中的相关继电器处于落下状态。此时，联锁电路的逻辑应该为：

$XJZ_{220}—DJ_{5-6}—LXJ_{41-43}—DXJ_{61-63}—F—H—HBH—F—LXJ_{63-61}—XJF_{220}$

模拟系统的下位机状态如图 4-31 所示，上位机状态如图 4-32 所示。

2. 办理 $S_{Ⅲ}$ 进路（正方向，2LQ 占用）

分别按压 SLA 和 XLA 按钮，以及模拟列车占用的 2LQ 按钮，办理向正方向（X_F 方向）发车进路。若二离去区段有车占用，LXJ、ZXJ 吸起，2LQJ

图 4-31　模拟系统的下位机初始状态

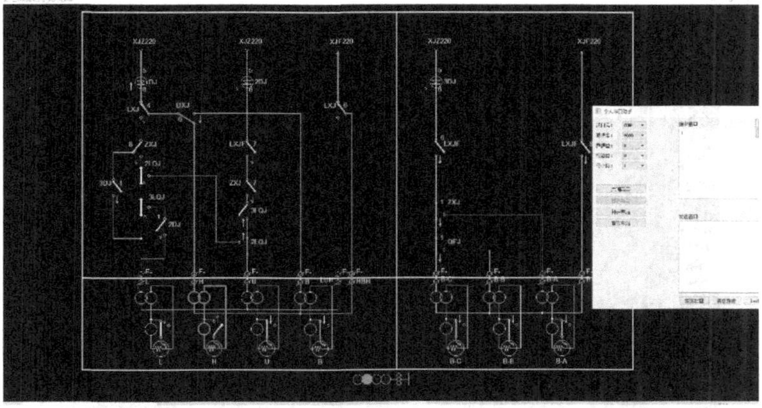

图 4-32　模拟系统的上位机初始状态

落下，出站信号机点亮黄灯，B-A 表示器亮起。其电路如下：

XJZ_{220}—DJ_{5-6}—LXJ_{41-42}—ZXJ_{81-82}—$2LQJ_{1-3}$—$2LQJ_{3-1}$—F—U—LUH—F—LXJ_{62-61}—XJF_{220}

XJZ_{220}—$3DJ_{5-6}$—$LXJF_{61-62}$—ZXJ_{11-12}—F—B—A—B—H—F—$LXJF_{82-81}$—XJF_{220}

下位机和上位机的状态如图 4-33 和图 4-34 所示。

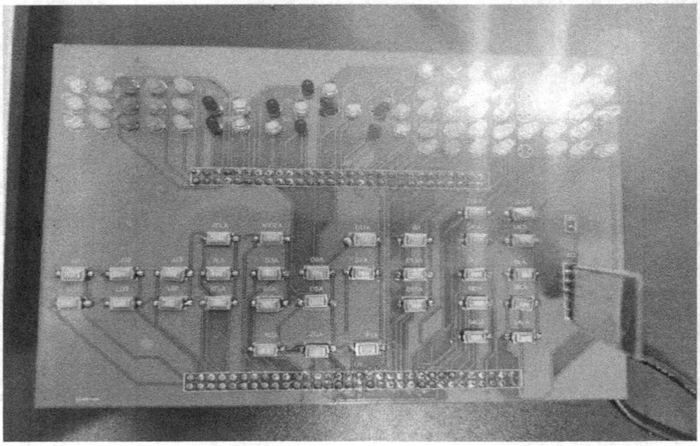

图 4-33　正方向发车（2LQ 占用）下位机显示情况

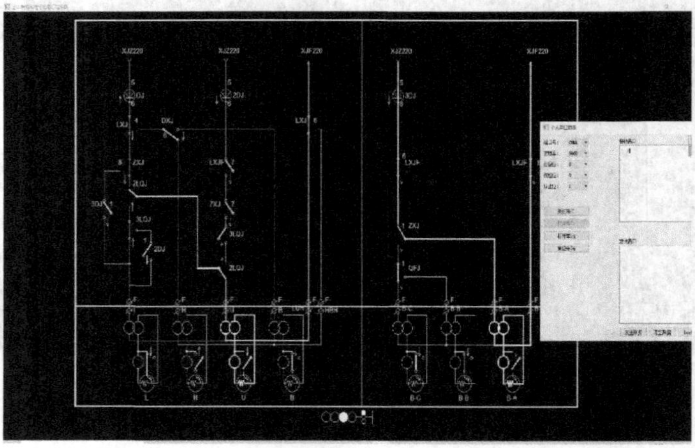

图 4-34　正方向发车（2LQ 占用）上位机显示情况

3. 办理 $S_{Ⅲ}$ 进路（正方向，3LQ 占用、2LQ 空闲）

按压 $S_{Ⅲ}$LA 和 X_FLA 按钮及模拟列车占用的 3LQ 按钮，办理向正方向（X_F 方向）发车进路。若二离去区段空闲，三离去区段有车占用，LXJ、ZXJ、2LQJ 处于吸起状态，3LQJ 处于落下状态，出站信号机点亮绿黄灯和 B-A 表示器。下位机和上位机显示情况如图 4-35、图 4-36 所示，其电路如下：

XJZ_{220}—DJ_{5-6}—LXJ_{41-42}—ZXJ_{81-82}—$2LQJ_{1-2}$—$3LQJ_{1-3}$—$2DJ_{11-12}$—F—L—LUH—F—LXJ_{62-61}—XJF_{220}

XJZ_{220}—$2DJ_{5-6}$—$LXJF_{71-72}$—ZXJ_{71-72}—$3LQJ_{1-2}$—$2LQJ_{2-1}$—F—U—LUH—F—LXJ_{62-61}—XJF_{220}

XJZ_{220}—$3DJ_{5-6}$—$LXJF_{61-62}$—ZXJ_{11-12}—F—B—A—B—H—F—$LXJF_{82-81}$—XJF_{220}

图 4-35 正方向发车（3LQ 占用、2LQ 空闲）下位机显示情况

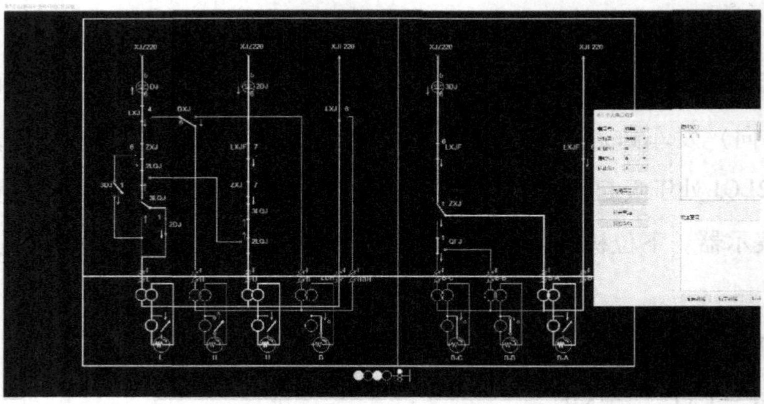

图 4-36　正方向发车（3LQ 占用、2LQ 空闲）上位机显示情况

4. 办理 $S_{Ⅲ}$ 进路（正方向，无列车占用）

按压 $S_{Ⅲ}$LA 和 XLA 按钮，办理向正方向（X_F 方向）发车的进路，二离去、三离去两个区段都空闲，此时 ZXJ、LXJ、2LQJ 和 3LQJ 均处于吸起状态，出站信号机点亮绿灯，B-A 表示器点亮。下位机和上位机显示情况如图 4-37、图 4-38 所示，其电路如下：

XJZ_{220}—DJ_{5-6}—LXJ_{41-42}—ZXJ_{81-82}—$2LQJ_{1-2}$—F—L—LUH—F—LXJ_{62-61}—XJF_{220}

XJZ_{220}—$3DJ_{5-6}$—$LXJF_{61-62}$—ZXJ_{11-12}—F—B—A—B—H—F—$LXJF_{82-81}$—XJF_{220}

5. 办理 $S_{Ⅲ}$ 进路（反方向）

按压 $S_{Ⅲ}$LA 和 XLA 按钮，办理向反方向（X 方向）发车，主信号继电器 ZXJ 落下，区间反方向继电器 QFJ 吸起，进路表示器的 B-B 白灯亮灯指示反方向发车。因区间采用自动站间闭塞，出站信号机没有绿黄灯显示和黄灯显示，此时绿灯电路检查了 3DJ 前接点，因此只有反方向进路表示器亮白灯，绿灯才能够点亮。下位机和上位机显示情况如图 4-39、图 4-40 所示，其电路如下：

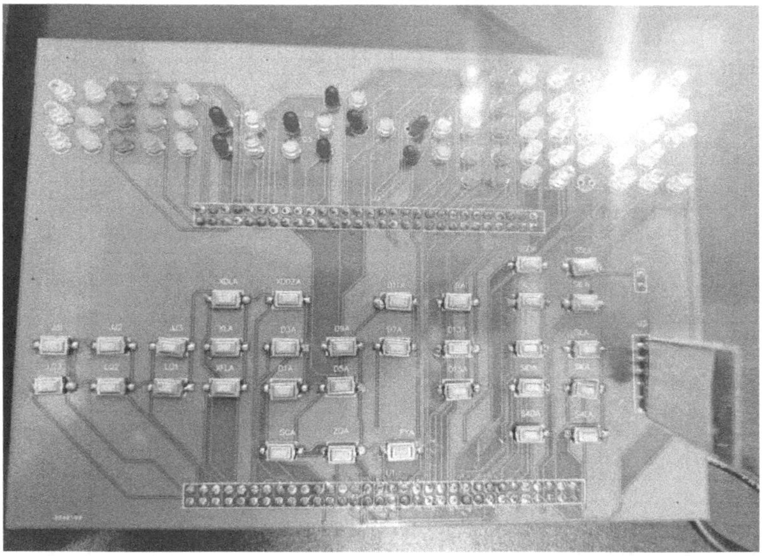

图 4-37 正方向发车（无列车占用）下位机显示情况

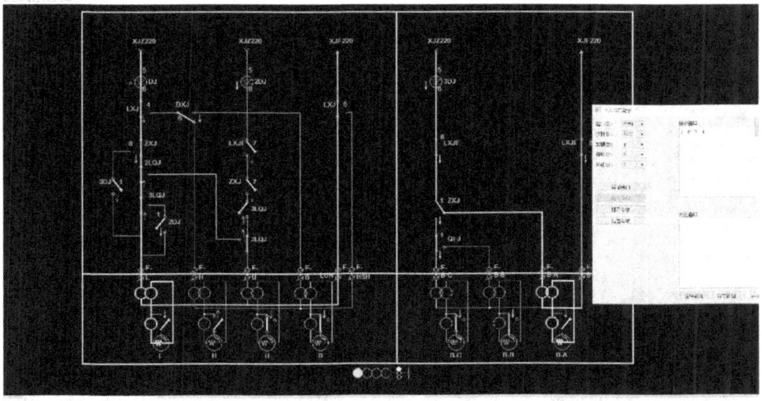

图 4-38 正方向发车（无列车占用）上位机显示情况

XJZ_{220}—DJ_{5-6}—LXJ_{41-42}—ZXJ_{81-83}—$3DJ_{11-12}$—F—L—LUH—F—LXJ_{62-61}—XJF_{220}

XJZ_{220}—$3DJ_{5-6}$—$LXJF_{61-62}$—ZXJ_{11-13}—QFJ_{11-12}—F—B—B—B—H—F—$LXJF_{82-81}$—XJZ_{220}

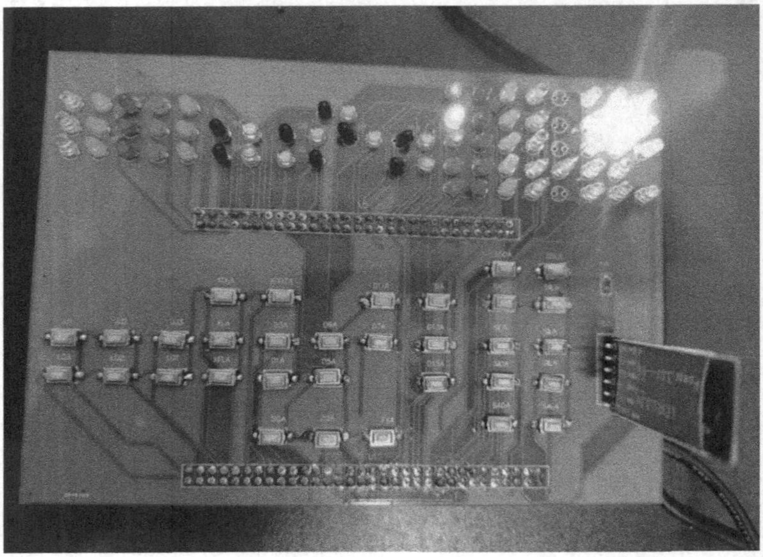

图 4-39　反方向发车下位机显示情况

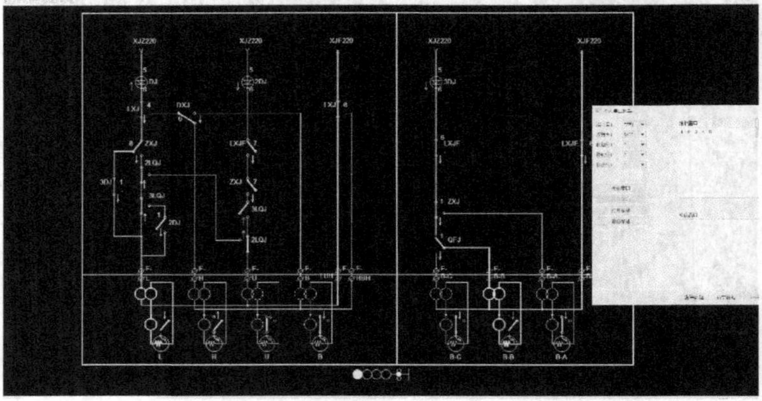

图 4-40　反方向发车上位机显示情况

6. 办理 $S_Ⅲ$ 进路（东郊方向）

按压 $S_Ⅲ$LA 和 X_DLA 按钮，办理向东郊方向（X_D 方向）发车进路时，主信号继电器 ZXJ 落下，区间为半自动闭塞，出站信号机也只有绿灯显示，进路表示器的 B-C 白灯点亮，3DJ 吸起边界同绿灯电路。下位机和上位机显示情况如图 4-41、图 4-42 所示，其电路如下：

XJZ_{220}—DJ_{5-6}—LXJ_{41-42}—ZXJ_{81-83}—$3DJ_{11-12}$—F—L—LUH—F—LXJ_{62-61}—XJF_{220}

XJZ_{220}—$3DJ_{5-6}$—$LXJF_{61-62}$—ZXJ_{11-13}—QFJ_{11-13}—F—B—C—B—H—F—$LXJF_{82-81}$—XJF_{220}

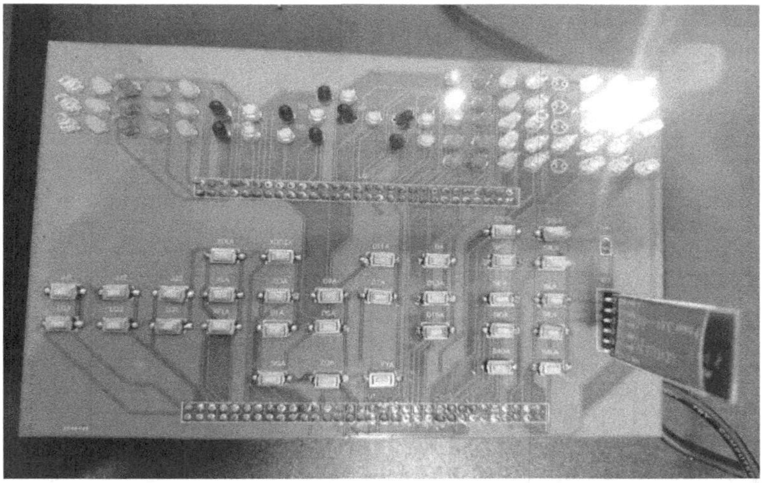

图 4-41　东郊方向发车下位机显示情况

7. 办理 $S_Ⅲ$ 进路（调车进路）

按压 $S_Ⅲ$LA 和 D_9A 按钮调车进路，DXJ 吸起，出站兼调车信号机显示月白灯光，下位机和上位机显示情况如图 4-43、图 4-44 所示，其电路如下：

$XJZ_{220}—DJ_{5-6}—LXJ_{41-43}—DXJ_{61-62}—F—B—HBH—F—LXJ_{63-61}—XJF_{220}$

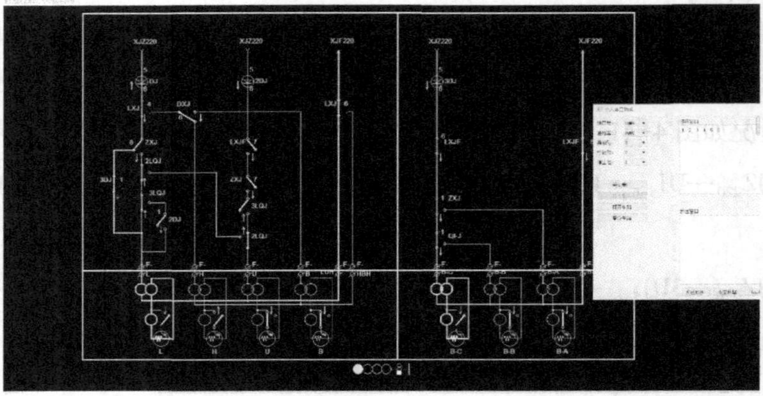

图 4-42　东郊方向发车上位机显示情况

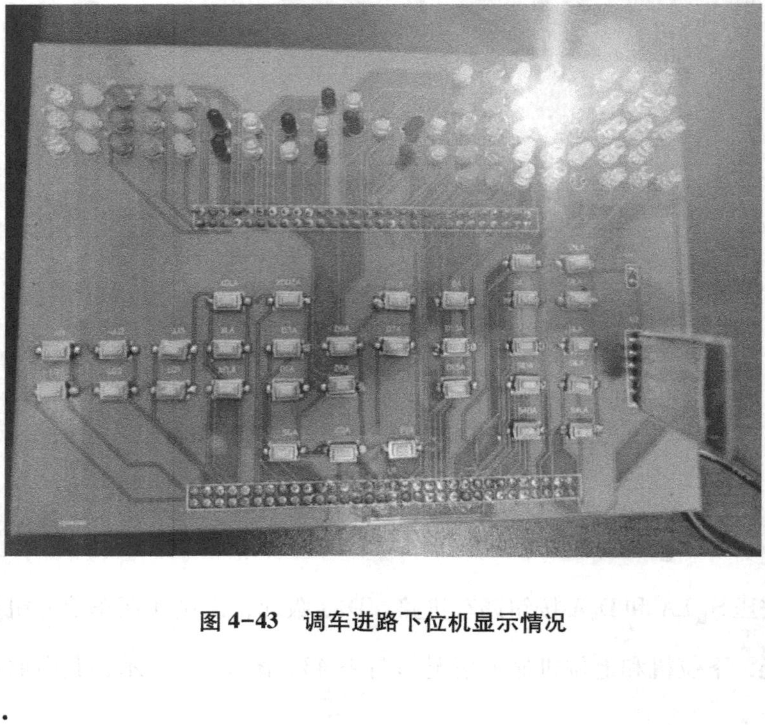

图 4-43　调车进路下位机显示情况

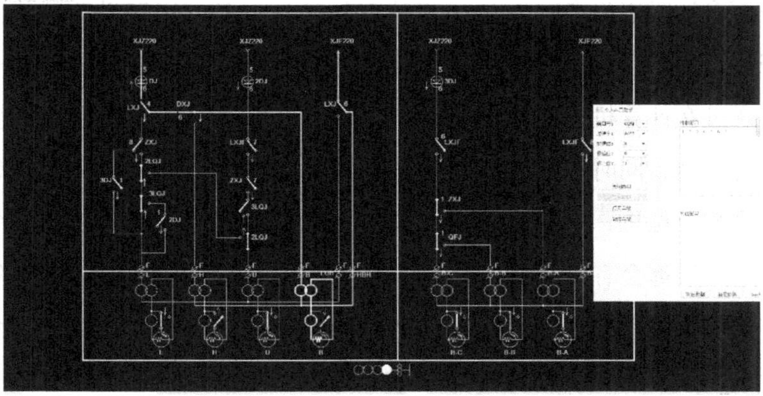

图 4-44　调车进路上位机显示情况

该模拟系统除以上几种典型操作示例，还可在下位机进行其他进路的办理，办理进路的过程符合站场联锁关系即可。学习者通过下位机的操作，可以在上位机直观地看到出站兼调车信号机点灯电路的联锁逻辑关系，了解联锁电路中各个继电器的动作过程、动作顺序，训练学习者对于联锁电路的故障处理能力，为在现场工作打下扎实基础。

三、计算机联锁模拟盘系统设计

该模拟系统采用上位机和下位机相结合的方式，通过上位机办理车站的调车和列车进路，将下位机设计为一个车站模拟盘，利用模拟盘上的区段占用按键，模拟车站的列车或调车的占用情况，进而在上位机界面中显示信号机和轨道电路的变化情况。该模拟系统能够帮助学习者熟练掌握车站信号设备间的联锁关系，以及训练学习者利用计算机联锁软件办理列车和调车进路的技术能力。

（一）车站联锁原理

列车的运行方向与线路都是由列车运行图设定好的，而列车运行图的执行是由车站联锁设备保障的。车站室外信号设备的正确动作，决定了列车是否能够安全运行。计算机联锁系统通过继电联锁电路与室外信号设备连接，通过在计算机联锁系统上位机办理列车和调车进路，实现对室外信号设备的控制，同时，信号设备的状态能够通过继电联锁电路采集回计算机联锁系统上位机，帮助车站人员了解室外信号设备的状态信息。每条办理的进路始端都会有始端信号机。进站信号机防护的进路是车站内的股道，出站信号机所防护的进路是车站外的区间，道岔区间需要设置调车信号机（郭玉华，2020）。进路能够选排成功，需要达到一定的联锁条件，如所排进路的线路空闲，不存在敌对进路，则必须在选排后信号机才能开放。如果不能达成条件，信号机不会开放，禁止列车进入。进路选排完成信号机开放后，进路上的道岔锁定在需要的位置；敌对进路在锁闭后，敌对进路信号也不能开放，显示红灯。调车或者列车进入进路后，负责防护这条进路的信号机马上显示红灯或者蓝灯，禁止其他列车或者调车进入该进路。

（二）系统的功能需求及性能分析

该车站联锁模拟系统，主要通过操作硬件电路板上的拨码开关，实现模拟列车占用及移动，并在计算机监测界面动态显示列车占用及移动情况。系统应能对车站站内的列车和调车车列的具体位置状态信息进行实时的监测（高丽，2015）。

模拟系统实时监测信号机、道岔和轨道电路的情况，当在下位机硬件模拟盘上拨动开关时，能够模拟室外列车占用轨道区段的情况，并将占用信息发送到上位机，通过上位机联锁软件上的红光带位置实现车站轨道电路的占用监测。同时还需要实时检查信号表示灯状态、道岔表示灯状态等。

（三）计算机联锁模拟系统下位机设计

1. 下位机硬件布局

硬件布局采用双向四股道的车站设计，列车位置采用拨动开关进行模拟。开关的位置与绝缘节一一对应，开关的一端接引脚，另一端接低电位。当拨动开关时，单片机引脚的高电位被低电位拉低，单片机检测到该串口电位降低，触发自身逻辑程序运行，同时编辑通信码实时发出到上位机。模拟盘拨动开关布局如图 4-45 所示。

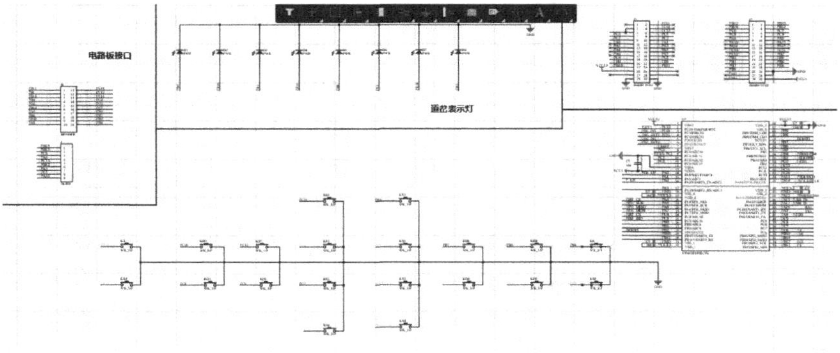

图 4-45　模拟盘拨动开关布局

2. 硬件布局描述

在每个信号灯的位置设置开关，开关的状态表示信号灯的防护区段是否被占用。同时在硬件电路上设置了道岔表示灯，当上位机将信号设备状态信息发送到下位机，如道岔位置变换后，道岔表示灯将根据开关的位置改变自身状态。信号灯及道岔表示灯的编号序列如表 4-8 和表 4-9 所示。

表 4-8　信号灯编号序列

序号	信号灯	开关	代码
1	X	KX	1
2	XF	KXF	2
3	D_1	KD_1	3

续表

序号	信号灯	开关	代码
4	D_2	KD_2	4
5	D_3	KD_3	5
6	D_4	KD_4	6
7	D_5	KD_5	7
8	D_6	KD_6	8
9	D_7	KD_7	9
10	D_8	KD_8	10
11	S_1	KS_1	11
12	S_2	KS_2	12
13	S_3	KS_3	13
14	S_4	KS_4	14
15	X_1	KX_1	15
16	X_2	KX_2	16
17	X_3	KX_3	17
18	X_4	KX_4	18
19	S	KS	19
20	SF	KSF	20

表 4-9　道岔表示灯编号

序号	道岔号	表示灯	代码
1	1/3	D_1	1
2	5/7	D_2	2
3	9	D_3	3
4	11	D_4	4
5	10	D_5	5
6	12	D_6	6
7	2/4	D_7	7
8	6/8	D_8	8

3. 下位机总体设计

硬件电路是设备子系统的主体，以主体电路板承载连接 STM32 单片机最小系统板、HC-05 蓝牙通信模块、占用模仿开关、转接板、道岔表示灯。

（1）单片机最小系统板。STM32 系列单片机 I/O 引脚丰富且带载能力强，适合该模拟系统硬件设备子系统开发。选择 64 引脚、512K 的 STM32F103RCB6 型单片机能够满足设计要求。

（2）通信模块。模拟系统需要实现上位机与下位机的可靠通信，且选择无线通信的方式。蓝牙通信在 100 米距离具有快速可靠的特点，HC-05 蓝牙通信模块符合该系统的设计要求。HC-05 蓝牙通信模块与上位机蓝牙串口连接，建立监控子系统和设备子系统通信模块，且该模块兼容 USART 串口模块模式，通信可靠性好，操作简单，端口方便。

（3）引脚连接电路配置。为每个信号机防护区段分配一个 I/O 引脚，单片机的程序配置为上拉输入模式，将其与拨码开关中接点连接，拨码开关的侧接点接低电平。当拨动拨码开关，使其中接点的高电平与低电平侧接点接通时，I/O 引脚就会被拉低，就可以实现用引脚高电平模拟区段空闲，低电平模拟区段占用。使用 LED 灯表示道岔状态时，阳极与 I/O 引脚连接设置引脚电压上拉，阴极外接地，配置为推挽输出模式。表示灯驱动引脚连接如图 4-46 所示。

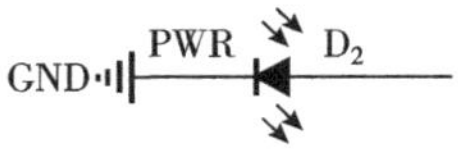

图 4-46 表示灯驱动引脚连接

4. 单片机引脚使用规划

根据 STM32 单片机芯片参考手册 I/O 引脚功能描述，依据硬件布局设计图合理规划 I/O 引脚使用。引脚分配情况如表 4-10 所示。

表 4-10　引脚分配情况

开关	元件	K_1	K_2	K_3	K_4	K_5	K_6	K_7	K_8	K_9	K_{10}
	引脚	PB_0	PC_{12}	PC_4	PB_0	PC_1	PC_9	PC_5	PB_{15}	PC_2	PC_8
	编号	KX	KXF	KD_1	KD_2	KD_3	KD_4	KD_5	KD_6	KD_7	KD_8
	元件	K_{11}	K_{12}	K_{13}	K_{14}	K_{15}	K_{16}	K_{17}	K_{18}	K_{19}	K_{20}
	引脚	PB_{12}	PB_{13}	PC_9	PB_{14}	PB_{10}	PC_6	PC_3	PB_{11}	PC_0	PC_{10}
	编号	KX_1	KX_2	KX_3	KX_4	KS_1	KS_2	KS_3	KS_4	KS	KSF
表示灯	元件	D_1	D_2	D_3	D_4	D_5	D_6	D_7	D_8		
	引脚	PD_2	PB_1	PB_2	PB_5	PB_6	PB_7	PB_8	PB_9		
	编号	1	2	3	4	5	6	7	8		

5. 主体电路板原理图

主体电路板及主电路板主要负责信号的输入和输出工作，其中开关是输入，用来模拟列车的占用情况，道岔指示灯表示道岔的位置情况。根据引脚使用设计，用 Altium Designer 设计主体电路板。电路原理图如图 4-47 所示。

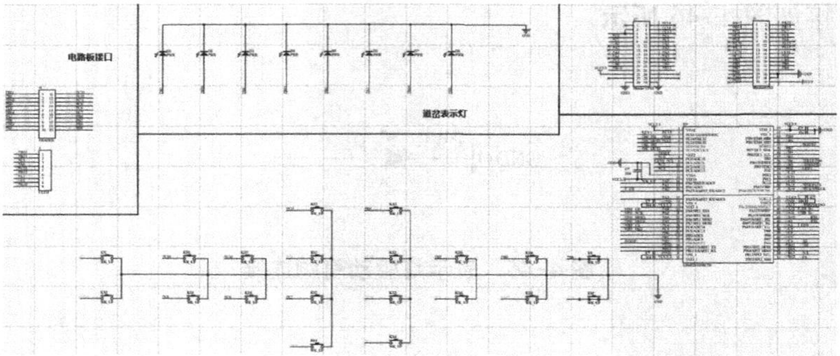

图 4-47　主体电路板原理图

6. 转接板原理图

设计主电路板后，还需要设计能够和单片机最小系统板链接的电路转接板。这样会降低布线难度，大大降低错误概率。转接板原理图如图 4-48 所示。

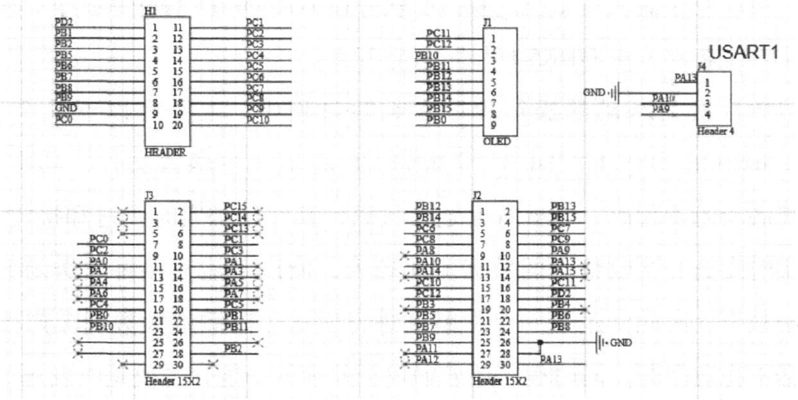

图 4-48　转接板原理图

最后将硬件电路中的各个元件进行封装后，将主体电路板和转接板原理图生成 PCB 电路板。硬件部分主要分为主电路板模块、蓝牙模块、转接板模块和单片机最小系统板模块。其结构为三层板对应分布连接，同时安装蓝牙模块。其中蓝牙模块由一个六口的排母接口连接。主电路板模块与转接板由一个 2×10 的排母及一个 1×9 的排插反向转接，也就是主电路板上一个排母一个排插。单片机最小板与转接板则由两个 2×15 的排母连接。

7. 硬件系统的联锁程序

车站联锁模拟系统需要实现联锁控制功能。除了硬件配置外，还需要软件相配合。软件功能所需要的联锁条件包括表示其信息处理的功能、逻辑联锁功能、信息发送和命令功能。所有的功能将在上位机界面进行显示。例如，敌对进路无法办理；列车进路模拟办理后，轨道电路变化引起计算机联锁界面的股道颜色变换；等等。

联锁层软件是用于实现联锁功能的，因此联锁层软件位于系统的联锁层。系统联锁层的硬件采用了微处理器 STC32F103RCT6，该芯片是 STC 处理器，可应用于嵌入式系统。联锁层软件在 Windows11 操作系统下，由单片机最小系统板在 Keil MDK5 环境下进行开发。

以单片机为基础的操作程序在编写过程中，主要有以下几个文件：sys. h、usart. h、key. h、led. h、delay. h 及 main. c 主函数文件，其中 sys. h 是系统底层基本代码，usart. h 是通信代码，其作用是实时发送和接收信息。由于实时发送和接收信息的数据流比较大，所以不能直接将发送函数放置在主函数下，因此使用了一个中断来进行发送，以缓解大数据流产生的发送数据不稳定问题。同时程序还兼顾信息处理的功能，主要是将发送的 char 变量进行解析，发送信息是一连串的 0 和 1，以字母开头，以换行符结束。如 char daoc_ state [ ] =" d111111111111111 \ n"。每一位的数字变化都将通过数据处理表现在表示灯或者发送的信息变化上。

key. h 文件主要负责表示开关变化，如当单片机检测到开关引脚电平变低后，将该变化赋值给 char kaiguan [ ] =" 000000000000000"；其中顺次位的 0 变化为 1 时，将会对发送给上位机的信息产生改变，从而在上位机界面表现出来，达到检测的目的。

led. h 文件主要负责表示道岔的变化联锁逻辑。delay. h 文件的主要作用是定时器和中断。

（四）计算机联锁模拟系统上位机设计

1. 上位机功能分析

上位机的作用是能够实现人机对话，下位机的操作指令传到上位机，上位机能够依据控制命令进行响应。上位机的任务包括车站站场的显示、办理进路的功能实现，以及数据通信等。

（1）车站站场显示。根据该模拟系统所设计的车站站场信号平面布置图，站场部分主要包括信号机、道岔、轨道区段等。信号机的作用是防护车站，其位置设在轨道的左侧。信号机按形状可分为高柱和矮柱两类，按功能分有接车信号机、发车信号机、调车信号机。其中接车信号机和发车信号机均为四显示，可兼作调车信号机。本站场所使用的信号机如表4-11所示。

表4-11　站场信号机的表示

名称	表现图形	作用
高柱接车信号机		上行或下行列车进站时防护车站
矮柱接车信号机		反向进站时防护车站
高柱发车信号机		正线防护发车进路
矮柱发车信号机		侧线防护发车进路
调车信号机		指示调车机车进行作业

（2）办理进路的功能实现。上位机界面完全按照计算机联锁软件的标准进行设置，办理进路是计算机联锁软件的基本功能。在该系统的上位机界面中设置了相应的操作按钮，每个按钮都有唯一的编号和唯一的位置。系统中使用的按钮种类有四种：第一种是列车按钮，包括上下行列车按钮、通过按钮、列车终端按钮、引导信号按钮。第二种是调车按钮，包括上下行调车按钮、调车终端按钮。第三种是道岔按钮，包括上下行道岔按钮。第四种是功能按钮，包括总定位按钮、总反位按钮、总取消按钮等。

（3）数据通信。上位机要实时与下位机进行通信，能够实时发送操作命令并接收下位机发送的状态信息和控制命令。

2. 上位机程序运行机制及结构设计

（1）上位机系统程序运行机制。车站联锁仿真系统程序包括监控子系统软件程序和设备子系统嵌入式程序。各子系统以数据刷新模块为核心，采用短周期不间断循环方式刷新数据，实现系统实时性，这个周期称为“系统周期”。

程序使用特定的数据结构描述车站站场绘图、操作状态、设备状态、控制指令等。程序设计前需要分析系统数据，并设计数据组织形式。

（2）上位机结构设计。上位机软件的开发使用 Windows11 操作系统，在 Qt 环境下使用 C++进行开发。层次结构如图 4-49 所示。三个层次的功能各不相同。操作层的功能是会话，显示层的功能是显示站场设备状态、站场操作信息和命令提示信息，通信层的功能是向下位机发送信息和接收来自下位机的数据。

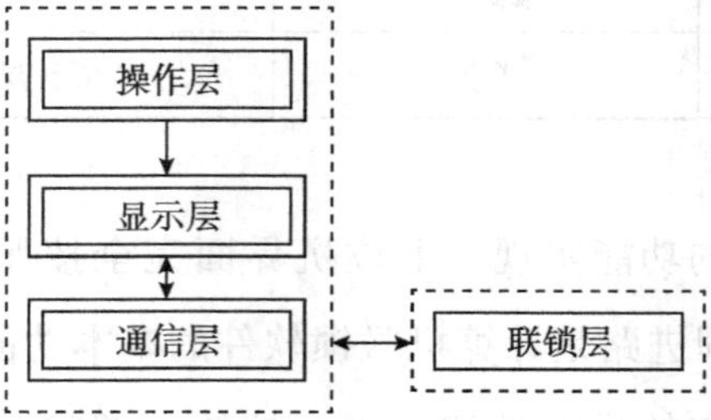

图 4-49　上位机软件结构

3. 数据定义

该系统的数据定义主要分为静态数据变量和动态数据变量两种。静态数据使用 int 型变量，动态数据使用 char 型变量和 int 变量。静态数据主要表示信号机、道岔和轨道。动态数据主要包括操作命令、采集信息和驱动命令等。这两种变量都需要设置为全局变量。char 参数和 int 参数如表 4-12 和表 4-13 所示。

表 4-12 char 参数

项目	kaiguan_state	daoc_state	zhishideng_state	zhanyong
备注	开关参数	道岔参数	指示灯参数	占用参数
作用	接收来自下位机开关的信息	处理道岔位置信息发送给下位机	接收来自下位机指示灯的参数	通过对下位机的接收信息对股道状态进行改变

表 4-13 int 参数

名称	DC_1	DC_2	DC_3	DC_4	DC_5	DC_6	DC_7	DC_8	DCF_1
备注	道岔 1/3	道岔 5/7	道岔 9	道岔 11	道岔 10	道岔 12	道岔 6/8	道岔 2/4	道岔 1/3
作用	道岔定位参数	道岔定位参数	道岔定位参数	道岔定位参数	道岔定位参数	道岔定位参数	道岔定位参数	道岔定位参数	道岔反位参数
名称	DCF_2	DCF_3	DCF_4	DCF_5	DCF_6	DCF_7	DCF_8	D_1A	D_2A
备注	道岔 5/7	道岔 9	道岔 11	道岔 10	道岔 12	道岔 6/8	道岔 2/4	D_1 信号机按钮	D_2 信号机按钮
作用	道岔反位参数	道岔反位参数	道岔反位参数	道岔反位参数	道岔反位参数	道岔反位参数	道岔反位参数	表示该按钮是否按下	表示该按钮是否按下
名称	D_3A	D_4A	D_5A	D_6A	D_7A	D_8A	S_1DA	S_2DA	S_3DA
备注	D_3 信号机按钮	D_4 信号机按钮	D_5 信号机按钮	D_6 信号机按钮	D_7 信号机按钮	D_8 信号机按钮	S_1 调车信号机按钮	S_2 调车信号机按钮	S_3 调车信号机按钮
作用	表示该按钮是否按下	表示该按钮是否按下	表示该按钮是否按下	表示该按钮是否按下	表示该按钮是否按下	表示该按钮是否按下	表示该按钮是否按下	表示该按钮是否按下	表示该按钮是否按下
名称	S_4DA	S_1LA	S_2LA	S_3LA	S_4LA	X_1DA	X_2DA	X_3DA	X_4DA
备注	S_4 调车信号机按钮	S_1 列车信号机按钮	S_2 列车信号机按钮	S_3 列车信号机按钮	S_4 列车信号机按钮	X_1 调车信号机按钮	X_2 调车信号机按钮	X_3 调车信号机按钮	X_4 调车信号机按钮
作用	表示该按钮是否按下	表示该按钮是否按下	表示该按钮是否按下	表示该按钮是否按下	表示该按钮是否按下	表示该按钮是否按下	表示该按钮是否按下	表示该按钮是否按下	表示该按钮是否按下

续表

名称	X_1LA	X_2LA	X_3LA	X_4LA	XLA	XFLA	SLA	SFLA	ZFW
备注	X_1 列车信号机按钮	X_2 列车信号机按钮	X_3 列车信号机按钮	X_4 列车信号机按钮	X 信号机按钮	XF 信号机按钮	S 信号机按钮	SF 信号机按钮	总反位按钮
作用	表示该按钮是否按下	表示该按钮是否按下	表示该按钮是否按下	表示该按钮是否按下	表示该按钮是否按下	表示该按钮是否按下	表示该按钮是否按下	表示该按钮是否按下	表示该按钮是否按下
名称	ZDW	ZQX	$DCJL_1$	$DCJL_2$	$LCJL_1$	$LCJL_2$	SDJS	QX	……
备注	总定位	总取消	第一条调车进路	第二条调车进路	第一条列车进路	第二条列车进路	上电解锁	消除按钮	……
作用	表示该按钮是否按下	表示该按钮是否按下	该调车进路是否办理	该调车进路是否办理	该列车接进路是否办理	该列车接进路是否办理	上电解锁按钮是否按下	消除之前按下的未办理的进路按键	……

（五）上位机和下位机通信方式设计

上位机和下位机的通信采用无线蓝牙方式。当上位机办理进路后，将指令信息传到下位机，下位机硬件上的指示灯的状态可表示上位机中信号机和道岔的状态。当通过下位机硬件上的开关，模拟列车的占用位置时，下位机将控制指令传到上位机，上位机将在站场图中的相应位置显示列车的占用情况。

上位机和下位机之间传递的指令报文按照规定格式发送，为使设备子系统识别下传指令报文，监控子系统发送指令报文前，为报文头部前缀设置报文起始标志“d”，尾部后缀设置报文结束符“\r”，按“d************\n\r”格式发送。“x************\n”为不同指令字串。

状态报文接收解析遵循对应规则完成，接收到报文数据存储于数组 buf［］中，根据首字符 buf［0］判断报文类别，解析得到各状态字串内容，相关参数可参见表 4-12。

（六）计算机联锁模拟系统应用成果

1. 选排进路功能

选排进路是该模拟系统的基本功能。通过上位机联锁软件，依据选排进路基本规则，在上位机点击进路始终端按钮，实现列车和调车进路的选排。该功能能够帮助学习者掌握联锁的基本原理，以及信号设备之间的联锁关系。

上位机开机后，首先进行上电解锁。点击进路的始终端按钮，若联锁关系符合排路条件，相关进路变成白色，表示进路办理成功。若排列进路步骤错误，或操作不符合操作规则，则进路将无法办理，并弹出错误提示窗口，保障进路选排正确。未上电解锁站场如图 4-50 所示。

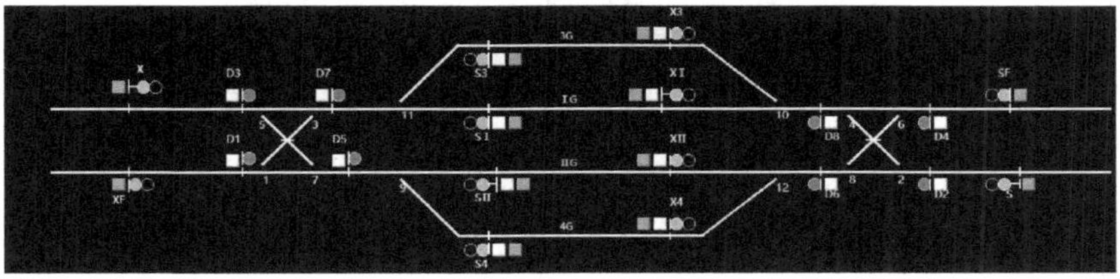

图 4-50　未上电解锁站场

2. 联锁仿真功能示例

计算机联锁模拟系统在上位机办理完成进路后，在下位机硬件上对应的位置拨动开关，模拟进路列车占用。下位机将指令传至上位机，上位机界面上相应进路的轨道区段就会显示红光带，表示区段被列车占用。

（1）D_1 至 S_{II} 调车进路。在上位机点击 D_1 调车按钮，以及 S_{II} 调车按钮，操作正确，进路办理成功，相关进路显示白色。在下位机依次拨动开

关 D_1 至 S_{II}，在上位机立即显示 D_1 至 S_{II} 调车进路变红，再拨动相应位置开关，模拟调车通过进路，上位机站场中的始端信号机关闭，进路内的道岔解除锁闭。上位机和下位机情况如图 4-51 和图 4-52 所示。

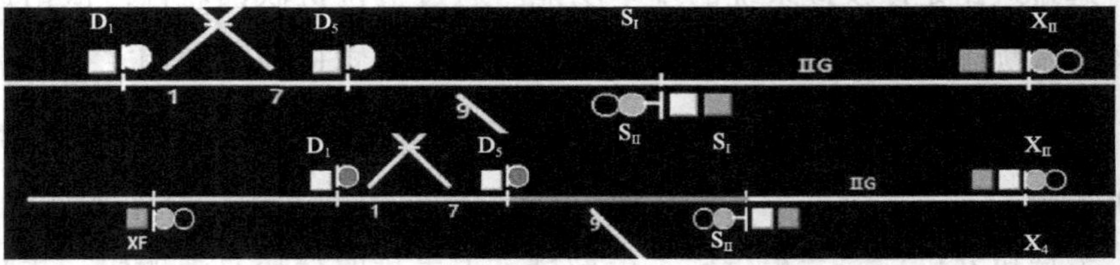

图 4-51　D_1 至 S_{II} 调车进路上位机站场进路选排及列车占用状态

图 4-52　D_1 至 S_{II} 调车进路下位机硬件开关情况

（2）D_3 至 S_{III} 调车进路。在上位机点击 D_3 调车按钮，以及 S_{III} 调车按钮。调车进路办理成功后，相关进路显示白色。在下位机拨动硬件开关 D_3 至 S_{III}，在上位机联锁模拟界面的相应进路显示红色，表示有列车占用。再拨动相应开关，模拟调车出清进路，上位机联锁界面中相关进路的始端信号机关闭，道岔解除锁闭。上位机和下位机情况如图 4-53 和图 4-54 所示。

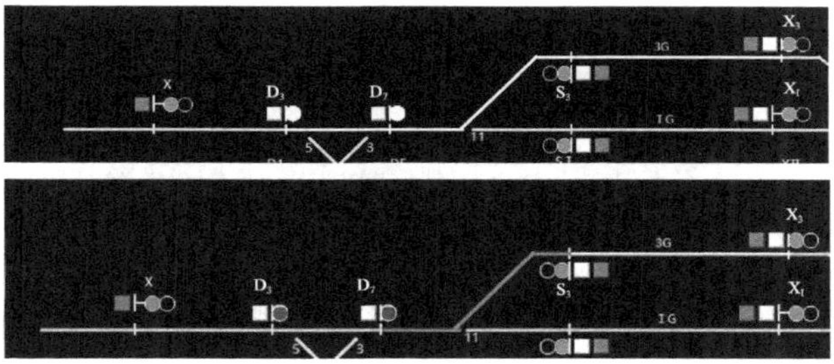

图 4-53　D_3 至 $S_Ⅲ$ 调车进路上位机站场进路选排及列车占用状态

图 4-54　D_3 至 $S_Ⅲ$ 调车进路下位机硬件开关情况

（3）S 至 $X_Ⅱ$ 列车进路。在上位机点击 S 列车按钮，以及 $X_Ⅱ$ 列车按钮。办理进路成功后，在下位机依次拨动相应开关，模拟列车占用。上位机站场中 S 至 $X_Ⅱ$ 列车进路变红，再拨动相应开关，模拟列车出清进路，上位机联锁界面中 S 信号机变红，进路内的道岔解除锁闭。上位机和下位机情况如图 4-55 和图 4-56 所示。

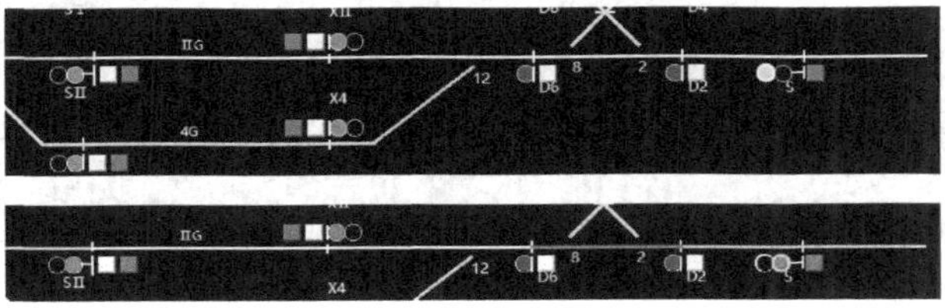

图 4-55　S 至 $X_Ⅱ$ 列车进路上位机站场进路选排及列车占用状态

图 4-56　S 至 X_{II} 列车进路下位机硬件开关情况

（4）S_4 至 X_F 列车进路。在上位机联锁界面点击 S_4 列车按钮，以及 X_F 列车按钮。进路办理成功后，在下位机依次拨动硬件开关 S 至 X_F，模拟列车占用，上位机联锁界面中 S_4 至 X_F 列车进路股道变红。当列车出清进路后，上位机联锁界面中的发车信号机关闭，道岔解除锁闭。上位机和下位机情况如图 4-57 和图 4-58 所示。

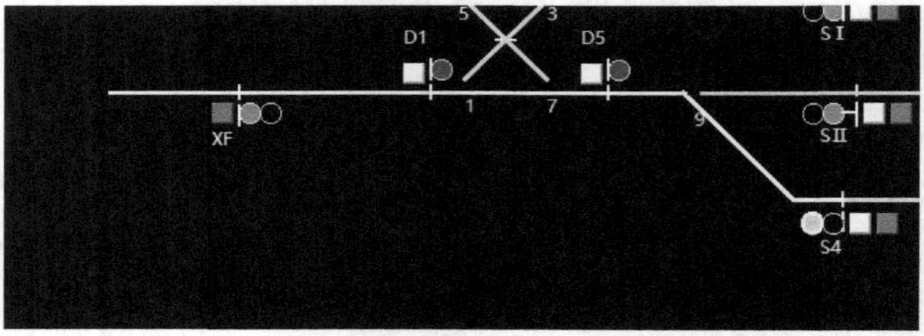

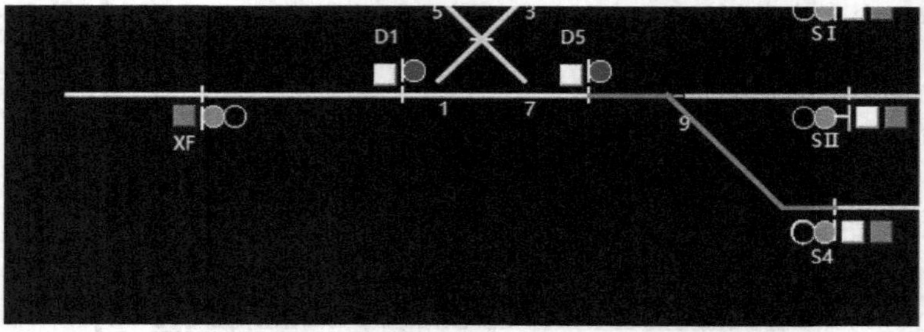

图 4-57　S_4 至 X_F 列车进路上位机站场进路选排及列车占用状态

图 4-58　S_4 至 X_F 列车进路下位机硬件开关情况

（5）其他联锁功能。该模拟系统依据标准的联锁规则，还设置了“总取消”“总定位”“总反位”等功能键，能够实现联锁的取消进路、道岔总定和总反等操作。

该计算机联锁模拟系统能够帮助学习者掌握计算机联锁相关规则，通过下位机模拟盘模拟列车占用股道的功能，训练学习者掌握信号设备的状态变化与列车位置的关系，以及判断信号设备是否正常工作的能力。使用这一联锁模拟系统，能够很好地满足学习者对于专业能力的需求。

四、进站信号机点灯电路模拟系统

进站信号机点灯电路是车站联锁电路的重要电路。进站信号机的显示能够指示列车是否可以进入车站。进站信号机点灯电路的模拟，需要根据列车信号继电器、正线信号继电器、通过信号继电器、绿黄信号继电器、引导信号继电器、侧线信号继电器以及闪光继电器之间的逻辑关系来选择合适的元器件，并将这些元器件进行合理的设计和设置。因此，进行基于进站信号机点灯电路逻辑关系的研究，设计一种能够显示信号机点灯电路继电器动作过程的模拟系统具有十分重要的意义。该系统能够帮助学习者学习并掌握进站信号机点灯电路的继电逻辑关系（姚文韬，2016），为现场排查相关故障打下基础。

（一）进站信号机点灯电路原理

车站信号控制的主要电路之一就是进站信号机点灯电路，该点灯电路的继电器具体构成及电路原理如图 4-59 所示。该电路主要由列车信号继电器（LXJ）、正线信号继电器（ZXJ）、通过信号继电器（TXJ）、绿黄信号继电器（LUXJ）、引导信号继电器（YXJ）、灯丝继电器（DJ）、灯丝转换继电器（DZJ）七个继电器组成，通过这些继电器的逻辑组合能够实现禁止信号的显示、通过信号的显示、正线接车信号的显示、站线接车信号的显示、引导接车信号的显示以及绿黄信号的显示等 7 种显示情况（张立冬和吕坤鹏，2018）。

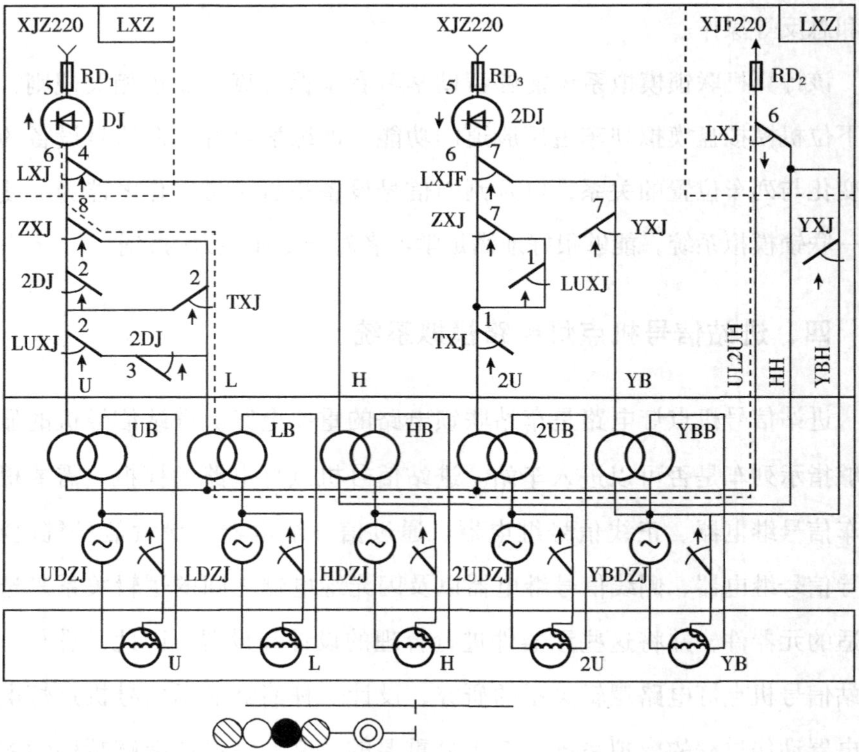

图 4-59　进站信号机点灯电路原理

注：无绿黄灯光显示时，LUXJ 接点和 2DJ3. 2 接点均去掉。

1. 进站信号机点灯电路的继电电路情况

进站信号机自上至下一共有五个灯位，依次为黄灯、绿灯、红灯、二黄灯以及月白灯。进站信号机在六种不同的情况下的点灯电路如下所示（刘伯鸿，2012）：

（1）平时状态下，列车信号继电器处于落下状态，进站信号机显示红灯，具体电路如下：

XJZ_{220}—RD_{1}—DJ_{5-6}—LXJ_{51-53}—HB_{21-22}—LXJ_{73-71}—RD_{2}—XJF_{220}

（2）正线通过时，列车信号继电器、正线继电器和通过信号继电器均处于吸起状态，进站信号机显示一个绿灯，具体电路如下：

XJZ_{220}—RD_{1}—DJ_{5-6}—LXJ_{51-53}—ZXJ_{91-92}—TXJ_{31-32}—LB_{21-22}—LXJ_{72-71}—RD_{2}—XJF_{220}

（3）正线接车时，列车信号继电器和正线继电器处于吸起状态，进站信号机显示一个黄灯，具体电路如下：

XJZ_{220}—RD_{1}—DJ_{5-6}—LXJ_{51-53}—ZXJ_{91-92}—TXJ_{31-32}—$LUXJ_{31-33}$—UB_{21-22}—LXJ_{72-71}—RD_{2}—XJF_{220}

（4）侧线接车时，列车信号继电器处于吸起状态，进站信号机显示两个黄灯（首先接通第二个黄灯电路，其次接通第一个黄灯电路）。具体电路如下：

二黄灯电路，XJZ_{220}—RD_{3}—$2DJ_{5-6}$—$LXJF_{81-82}$—ZXJ_{81-83}—TXJ_{21-23}—$2UB_{21-22}$—LXJ_{72-71}—RD_{2}—XJF_{220}；一黄灯电路，XJZ_{220}—RD_{1}—DJ_{5-6}—LXJ_{51-52}—ZXJ_{91-93}—$2DJ_{31-32}$—$LUXJ_{31-33}$—UB_{21-22}—LXJ_{72-71}—RD_{2}—XJF_{220}

（5）当进站列车通过第一个车场到另一个车场时，进站信号机显示一个绿灯一个黄灯（首先接通第二黄灯电路，其次接通绿灯电路），具体电路如下：

二黄灯电路，XJZ_{220}—RD_{3}—$2DJ_{5-6}$—$LXJF_{81-82}$—ZXJ_{81-83}—TXJ_{21-23}—$2UB_{21-22}$—

LXJ_{72-71}—RD_2—XJF_{220}；绿灯电路，XJZ_{220}—RD_1—DJ_{5-6}—LXJ_{51-52}—ZXJ_{91-92}—TXJ_{31-33}—$LUXJ_{31-32}$—$2DJ_{31-32}$—UB_{21-22}—LXJ_{72-71}—RD_2—XJF_{220}

（6）引导接车时，列车信号继电器处于落下状态，预告信号继电器处于吸起状态，进站信号机显示一个红灯和一个月白灯（红灯电路如第一种情况所示），具体电路如下：

XJZ_{220}—RD_3—$2DJ_{5-6}$—$LXJF_{81-82}$—YXJ_{81-82}—YBB_{71-72}—YXJ_{72-71}—LXJ_{73-71}—RD_2—XJF_{220}

2. 点灯电路中各继电器作用

（1）LXJ：该继电器主要用于检查是否可以满足列车开放信号的条件。

（2）ZXJ：该继电器主要是用来区分正线接车与侧线接车显示的，当正线继电器吸起时反映此时开通的进路是正线，反之，当正线继电器落下时反映开通的进路是侧线。

（3）TXJ：该继电器将会在办理通过进路时吸起，其余情况保持落下状态。

（4）LUXJ：当有两个车场相连时，若本车场的列车正线通过至下一个车场，并准备停车时，该继电器才会吸起。

（5）YXJ：该继电器只有在办理引导进路时会吸起。

（6）DJ：在进站信号机点灯电路中有两个灯丝继电器：一灯丝继电器和二灯丝继电器。其中，一灯丝继电器是用来监督红灯、绿灯以及黄灯的点灯情况的；二灯丝继电器是用来监督二黄灯和月白灯的点灯情况的。

（7）DZJ：当信号灯灯泡的主灯丝断丝时，可以通过 DZJ 自动转换至副灯丝，使其继续点亮，并通过 DSJ 的接点构成报警电路。

3. 进站信号进路选排

（1）办理通过进路时，先按压进路始端的通过按钮，再按压迎面咽喉进站信号机列车按钮；也可以分为两段来办理：正线发车进路和正线接车进路。一般来讲，由于一次办理的方式较为简单便捷，会采用一次办理的方式来办理通过进路（杨杨等，2012）。

（2）办理接车进路时，先按压进路始端进站信号机列车按钮，再按压进路终端出站兼调车信号机列车按钮。

（3）办理引导进路时，通过按压引导信号按钮，来办理引导进路手续。

（4）开放绿黄灯办理Ⅱ股进站接车进路时，首先按压进路始端进站信号机列车按钮再按压绿黄信号按钮。

（5）办理取消进路时，首先按压总取消按钮，再按压进路始端按钮。

（二）进站信号机点灯电路模拟系统设计方案

该模拟系统的设计分为上位机和下位机两部分。依据车站办理进路的方式，在下位机硬件电路板上按压进路两端按钮模拟办理进路的过程，在上位机进站信号机点灯电路逻辑界面中可以显示相应继电电路的逻辑关系。

1. 系统总体结构

该模拟系统的组成主要包括站场按钮及显示模块、51单片机控制模块、点灯电路模块三部分。站场按钮及显示模块主要模拟控制台上的相应按钮及信号灯，用于对车站办理进路，并点亮进站信号机相应颜色的信号灯以及股道白光带；单片机模块是该模拟系统的核心，用于模拟15条网络线的工作过程，从而对按钮进行逻辑判别并做出相应的反应；点灯电路模块用来显示办理进路过程中继电电路的逻辑关系。

该结构的总体逻辑关系如图4-60所示，当按下站场的相应按钮后，单片机对其做出判别，点亮相应进站信号机的色灯及对应区段的白光带，并使上位机点灯电路做出相应的反应。

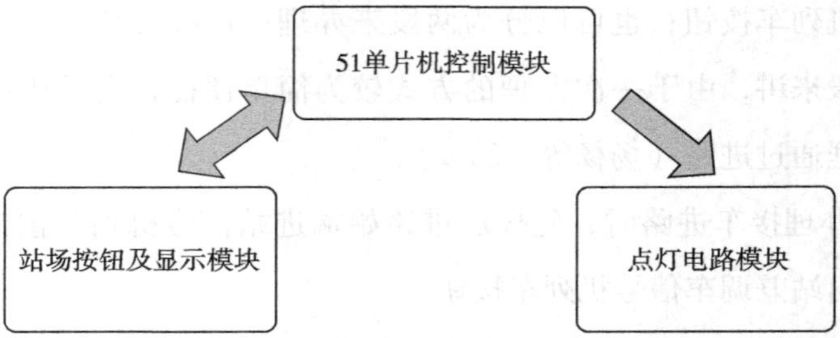

图 4-60　进站信号机点灯电路模拟系统结构

2. 站场按钮及显示模块

本次设计的站场为单线双方向三股道会让站，模拟系统是以下行咽喉的进站信号机为主体设计。站场图中的按钮有：XLA（下行列车进路按钮）、XTA（下行通过按钮）、S_1LA（S_1 列车按钮）、S_{II}LA（S_{II}列车按钮）、S_3LA（S_3 列车按钮）、SLA（上行列车进路按钮）、SYA（引导进路按钮）、ZQXA（总取消按钮）、LUXA（绿黄信号按钮）。XLA、XTA 和 SLA 设置在进站信号机处，S_1LA、S_{II}LA 和 S_3LA 分别设在相应的出站兼调车信号机处。

本设计除了有黄、绿、红、黄、白色 LED 灯作为进站信号机的色灯之外，还在每个轨道区段处设置一个白色 LED 灯，作为开放进路的白光带。

3. 单片机控制模块

该模块中大概分为三个部分：复位电路、时钟电路以及单片机本体。复位电路由电阻和电容串联组成，电路如图 4-61 所示。其原理是使单片机的 RST 引脚接收到 2μs 以上的电信号，只要使电容充电和放电的时间大于 2μs 之后，就可实现复位。按下 RST 按键之后系统复位，是将电容设在一个短路电路中，从而可以释放电容吸收的所有能量，导致电阻两端电压升高而引起的。

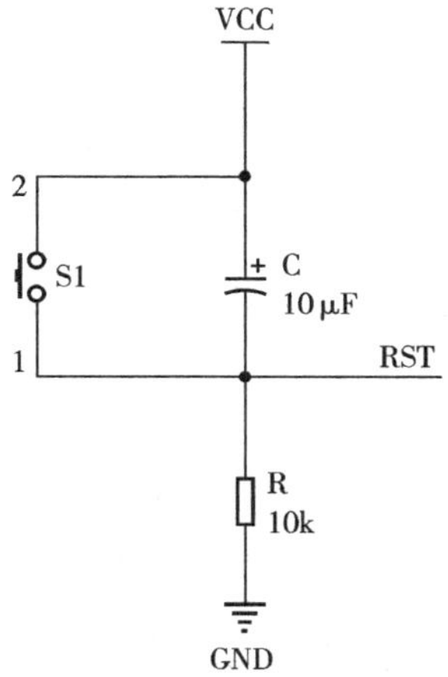

图 4-61 复位电路

时钟电路如图 4-62 所示。时钟电路可以看作一个振荡器，这个振荡器是用来给单片机节拍的，可以使单片机在此节拍之下执行各种操作。在本设计中使用的时钟电路为内部时钟电路，它是由单片机 XTAL1 引脚和 XTAL2 引脚两个引脚之间接一个 12MHz 的石英晶体振荡器 HC-49S 和两个 22pF 的无极电容构成，其中 XTAL1 引脚接地，XTAL2 引脚接外部时钟。

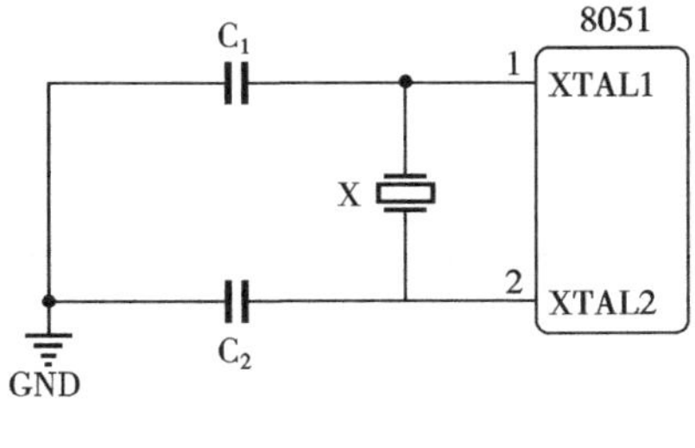

图 4-62 时钟电路

4. 点灯电路模块

点灯电路模块是在上位机所显示的进站信号机点灯电路，当接收到不同的指令后，上位机的联锁电路接通相应的点灯电路。

（三）进站信号机点灯电路模拟系统上位机设计

1. 模拟系统程序运行机制

进站信号机点灯电路模拟系统是用数据表示车站按钮的状态，当按钮被按下时，下位机接收到信号，对其进行处理，点亮相应的 LED 灯，并向上位机发送相应的数据，当上位机接收到数据后，对应的变量状态进行改变，当达到点灯条件时，接通相应点灯电路，实现点灯。运行机制如图 4-63 所示。

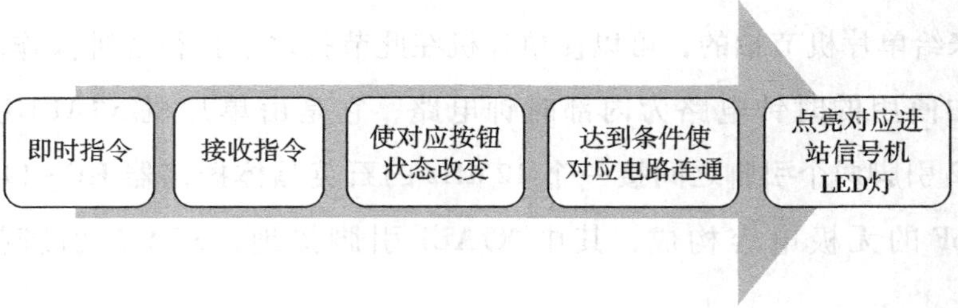

图 4-63　运行机制

2. 上位机界面

该模拟系统上位机能够显示的进站信号机点灯电路界面和通信界面如图 4-64 和图 4-65 所示，该系统主界面从上至下依次为：室内电路部分、室外信号变压器箱内电路、信号机内部灯丝电路。该点灯电路常态点亮红灯，符合故障—安全原则。

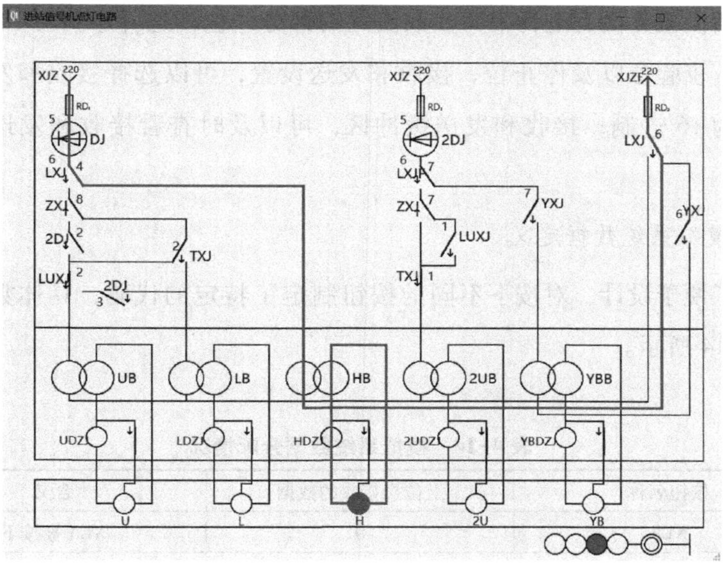

图 4-64　模拟系统点灯电路界面

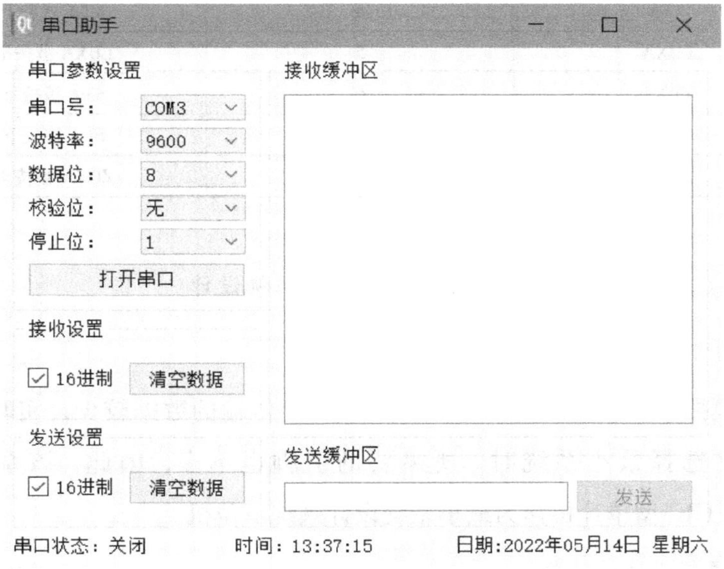

图 4-65　模拟系统通信界面

通信设置界面有进行串口参数设置的部分，包括选择串口号、波特率、数据位、校验位以及停止位；接收和发送设置，可以选择接收和发送的数据是否为16进制；接收和发送缓冲区，可以及时查看接收和发送的具体数据。

3. 模拟系统数据定义

为了便于设计，对按下不同的按钮制定了特定的代码，具体数据分配如表4-14所示。

表4-14　模拟系统数据分配情况

按钮名称	上位机接收的数据	含义
XLA	0	XLA 被按下
S_1LA	1	S_1LA 被按下
S_3LA	2	S_3LA 被按下
S_{II}LA	3	S_{II}LA 被按下
XTA	4	XTA 被按下
LUXA	5	LUXA 被按下
YDXA	6	SYA 被按下
SLA	7	SLA 被按下
ZQXA	8	ZQXA 被按下

（四）进站信号机点灯电路模拟系统下位机设计

1. 下位机最小系统的选择

该模拟系统的上位机和下位机之间需要传输的数据较少，实时性要求不高。在选择最小系统时，所需要的引脚也不多，因此，该系统选择STC89C51RC型单片机作为最小系统设计系统下位机。

2. 通信模块的选择

为了满足该模拟系统数据传输的稳定性，系统选择CH340转接芯片，能够实现 USB 转串口，USB 转 IrDA 红外接口或者 USB 转打印口。该通信模块能够将上位机和下位机进行连接，并且实现数据的实时传输。

3. 单片机引脚规划

依据本系统所选择的 89C51 单片机各引脚的特性，按照系统总体设计，对单片机引脚进行规划。引脚使用情况如表 4-15 所示。

表 4-15　51 单片机引脚使用规划

开关		点灯电路		点灯电路	
引脚	按钮名称	引脚	表示灯名称	引脚	表示灯名称
P1.0	XLA	P0.7	B_3	P2.7	B_4
P1.1	S_1LA	P0.6	B_2	P2.6	B_5
P1.2	S_3LA	P0.5	B_1	P2.5	B_6
P1.3	S_{II}LA	P0.4	YB	P2.4	B_7
P1.4	XTA	P0.3	2U	P2.3	B_8、B_{10}
P1.5	LUXA	P0.2	H	P2.2	B_9
P1.6	YDXA	P0.1	L	P2.1	B_{11}、B_{13}
P1.7	SLA	P0.0	U	P2.0	B_{12}
P3.7	ZQXA				

4. 站场开关组合逻辑

在对该模拟系统所设计的站场图进行仔细的分析之后，基于进站信号机点灯电路的自身逻辑，对开关的设计如表 4-16 所示。

表 4-16　站场开关组合逻辑

开关名称	按钮名称	信号继电器	进路办理	开放的信号灯
XLA	XLA			
ZQXA	ZQXA			
SLA	SLA			

续表

开关名称	按钮名称	信号继电器	进路办理	开放的信号灯
S_1LA	S_1LA	LXJ		U、U
		XLAJ	ⅠG侧线接车进路	
		S_1LAJ		
$S_{Ⅱ}LA$	$S_{Ⅱ}LA$	LXJ		
		ZXJ		
		XLAJ	ⅡG正线接车	
		$S_{Ⅱ}AJ$		
S_3LA	S_3LA	LXJ		U、U
		XLAJ	ⅢG侧线接车进路	
		S_3LAJ		
XTA	XTA	LXJ		L
		ZXJ		
		TXJ		
		XLAJ	ⅡG正线通过进路	
		TXAJ		
LUXA	LUXA	LXJ		LU
		ZXJ		
		XLAJ	ⅡG进站随时准备停车	
		LUXJ		
YDXA	YDXA	YXJ		HB

5. 下位机硬件电路原理图

依据所设计的单片机引脚使用规划以及站场开关组合逻辑表，系统下位机硬件电路原理如图4-66所示。

（五）进站信号机点灯电路模拟系统应用实例

1. 平时状态下，站场图中的信号机都应该是禁止状态

本系统主要观察进站信号机的情况，如图4-67所示，站场图中的进站信号机为红色灯光，处于禁止状态。上位机点灯电路中LXJ处于落

下状态接通红灯电路。下位机中的进站信号机显示红灯，即灯 H 点亮，如图 4-68 所示。

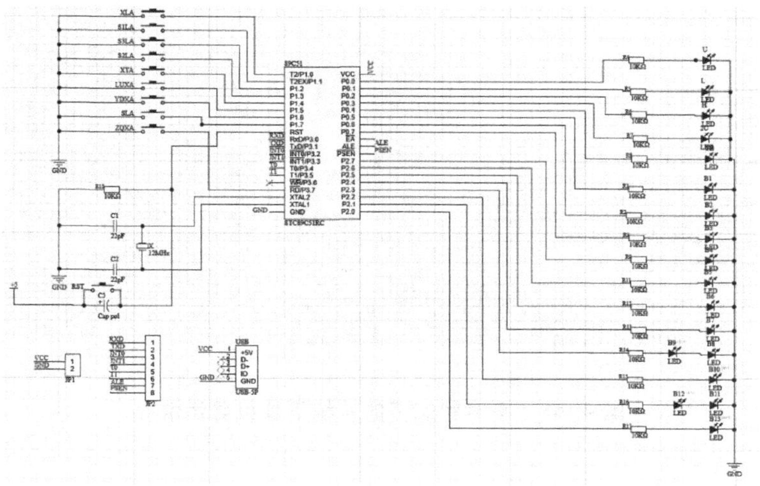

图 4-66 下位机硬件电路原理

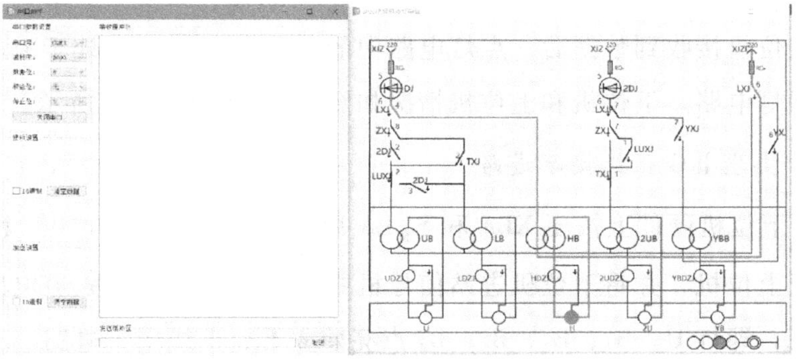

图 4-67 平时状态下的系统上位机显示情况

图 4-68　平时状态下的系统下位机显示情况

2. 办理下行进站通过进路

在下位机硬件上按压 XTA 和 SLA 后，下位机将数据“4”和“7”发送至上位机，下位机进站信号机中的绿灯以及对应轨道电路白光带点亮，即灯 L、B_1、B_2、B_3、B_4、B_5、B_6、B_7 点亮，建立ⅡG 正线通过进路。上位机接收到数据后，点灯电路中的 LXJ、ZXJ、TXJ 处于吸起状态接通绿灯电路。下位机和上位机情况如图 4-69 和图 4-70 所示。

3. 办理ⅡG 正线接车进路

在下位机硬件上按压 XLA 和 $S_{Ⅱ}$LA 后，下位机将数据“0”和“2”发送至上位机，并将下位机进站信号机中的黄灯以及对应轨道电路白光带点亮，即灯 U、B_1、B_2、B_3、B_4 点亮建立ⅡG 正线接车进路。上位机接收到数据后，点灯电路中的 LXJ 和 ZXJ 处于吸起状态，接通一黄灯电路。下位机和上位机情况如图 4-71 和图 4-72 所示。

图 4-69　办理下行进站通过进路时下位机显示情况

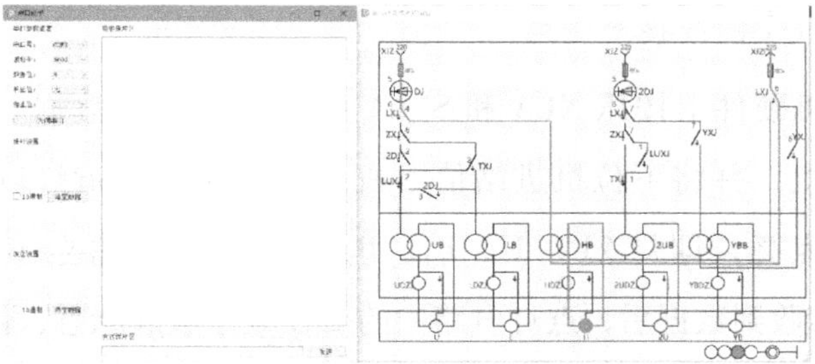

图 4-70　办理下行进站通过进路时上位机显示情况

图 4-71　办理ⅡG 正线接车进路时下位机显示情况

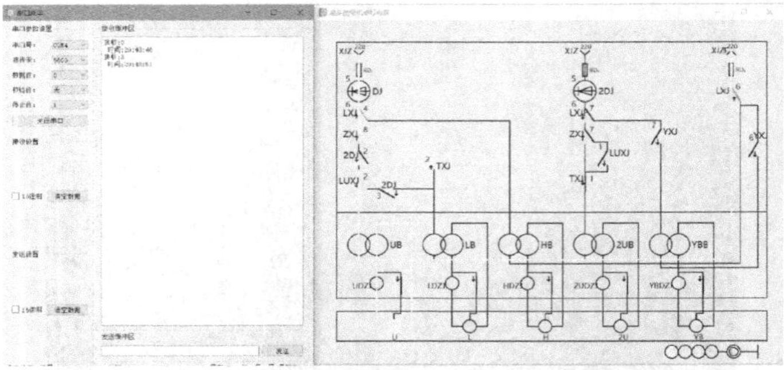

图 4-72　办理ⅡG 正线接车进路时上位机显示情况

4. 办理 1G 侧线接车进路

在下位机硬件上按压 XLA 和 S1LA 后，下位机将数据“0”和“1”发送至上位机，并将下位机进站信号机中的二黄灯、黄灯以及对应轨道电路白光带点亮，即灯 2U、U、B_1、B_8、B_9 点亮，建立 1G 侧线接车进路。上位机接收到数据后，点灯电路中的 LXJ 处于吸起状态，依次接通二黄灯电路及一黄灯电路。下位机和上位机情况如图 4-73 和图 4-74 所示。

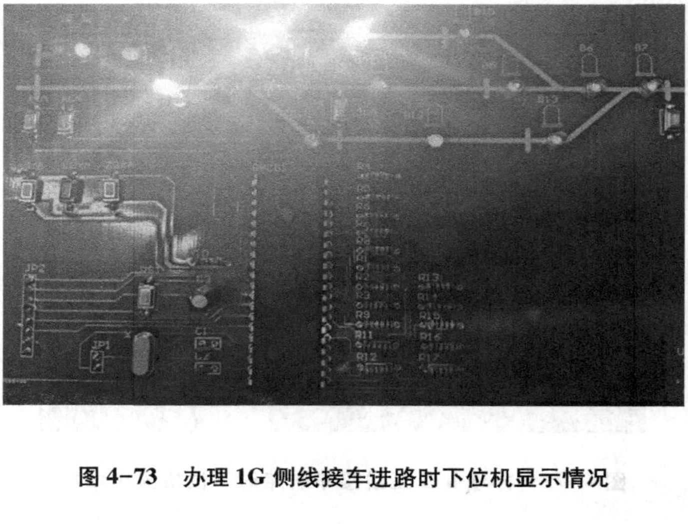

图 4-73　办理 1G 侧线接车进路时下位机显示情况

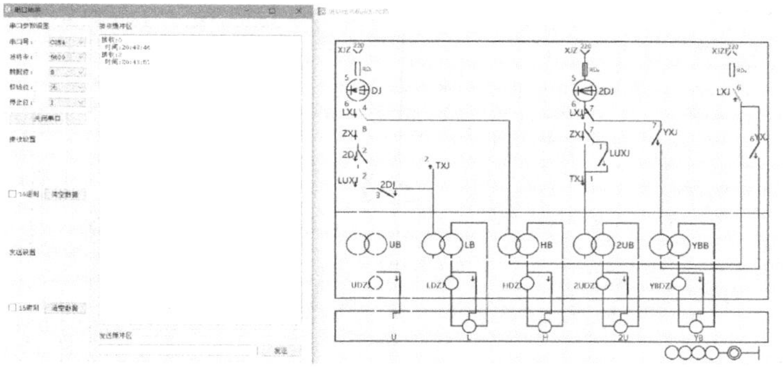

图 4-74　办理 1G 侧线接车进路时上位机显示情况

5. 办理 3G 侧线接车进路

在下位机硬件按压 XLA 和 S3LA 后，下位机将数据“0”和“2”发送至上位机，并将下位机进站信号机中的二黄灯、黄灯以及对应轨道电路白光带点亮，即灯 2U、U、B_1、B_2、B_{11}、B_{12} 点亮，建立 3G 侧线接车进路。上位机接收到数据后，点灯电路中的 LXJ 处于吸起状态，依次接通二黄灯电路及一黄灯电路。下位机和上位机情况如图 4-75 和图 4-76 所示。

图 4-75　办理 3G 侧线接车进路时下位机显示情况

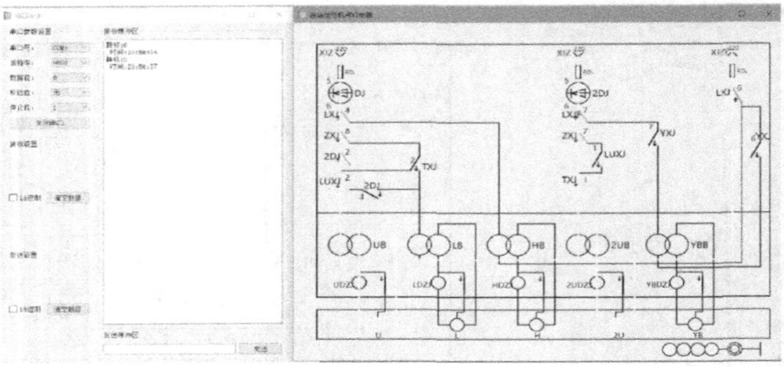

图 4-76　办理 3G 侧线接车进路时上位机显示情况

6. 办理转场作业

在下位机硬件按压 XLA 和 LUXA 后，下位机将数据“0”和“5”发送至上位机，并将下位机进站信号机中的二黄灯、绿灯以及对应轨道电路白光带点亮，即灯 2U、L、B_1、B_2、B_3、B_4 点亮，建立从一个车场到另一个车场的转场进路。上位机接收到数据后，点灯电路中的 LUXJ 处于吸起状态，依次接通二黄灯电路及绿灯电路。下位机和上位机情况如图 4-77 和图 4-78 所示。

图 4-77　办理转场作业时下位机显示情况

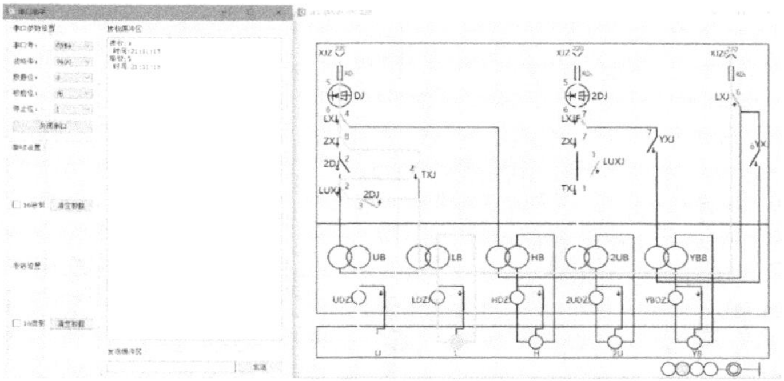

图 4-78 办理转场作业时上位机显示情况

7. 办理接车引导进路

在下位机硬件按压 YDXA 后，下位机将数据“6”发送至上位机，并将下位机进站信号机中的红灯和月白灯，即灯 H、YB 点亮建立引导进路。上位机接收到数据后，点灯电路中的 YDXJ 处于吸起状态，接通月白灯电路，红灯电路同平时状态一样。下位机和上位机情况如图 4-79 和图 4-80 所示。

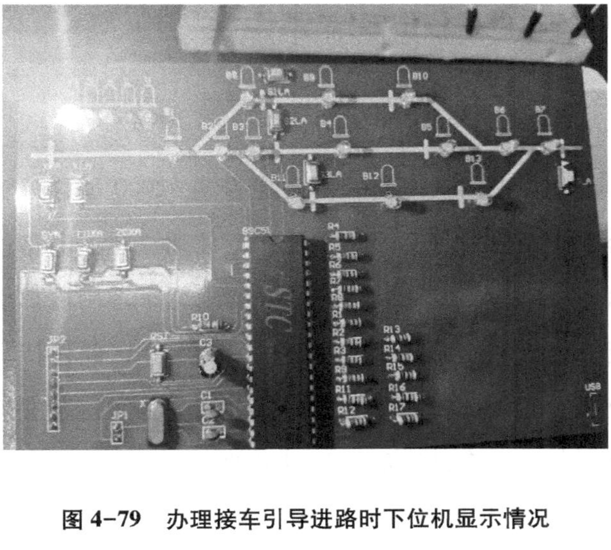

图 4-79 办理接车引导进路时下位机显示情况

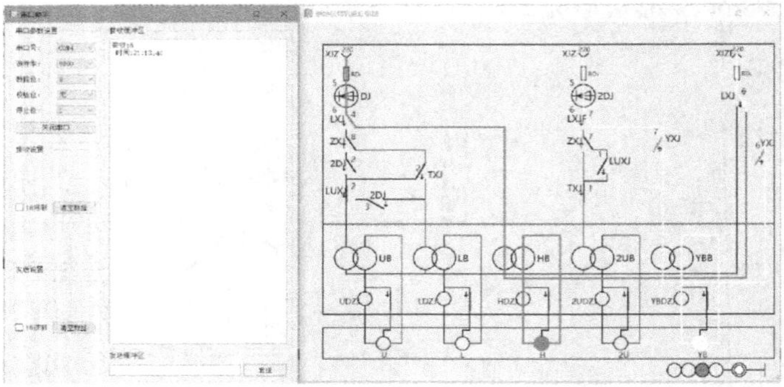

图 4-80　办理接车引导进路时上位机显示情况

该进站信号机点灯模拟系统除以上几种典型操作示例，还可在下位机进行其他进路的办理，办理进路的过程符合站场联锁关系即可。学习者通过下位机的操作，可以在上位机直观地看到进站信号机点灯电路的联锁逻辑关系，了解联锁电路中各个继电器的动作过程、动作顺序，训练学习者对于联锁电路的故障处理能力，为在现场工作打下扎实的基础。

五、区间行车发码模拟系统设计

（一）模拟系统设计目的

随着我国高铁事业的快速发展，大量 ZPW-2000 型移频轨道电路自动闭塞系统设备和器材在高铁和客运专线广泛使用。轨道电路移频发码是实现区间自动闭塞的关键技术，其核心是要实现列车占用检查信息及信号控制码的准确迅速传递和正确表示，从而保障列车在区间保持合理的行车间隔，确保行车安全。因此，需要设计一种以演示区间行车发码原理和规则为目的的模拟系统，将有助于巩固学习者的专业知识水平，以及提升学习者的现场故障处理能力。

（二）移频自动闭塞的原理

移频自动闭塞是以移频轨道电路为基础的自动闭塞。它选用频率参数作为控制信息，采用频率调制的方法，把低频信号（Fc）搬移到较高频率（载频 F0）上，以形成振幅不变、频率随低频信号的幅度做周期性变化的调频信号。将此信号用钢轨作为传输通道来控制通过信号机的显示，达到自动指挥列车运行的目的。在移频自动闭塞区段，移频信息的传输是按照运行列车占用闭塞分区的状态，迎着列车的运行方向，自动地向各闭塞分区传递信息的。

我国于 20 世纪 90 年代初引进法国高速铁路的 UM71 移频自动闭塞设备，并在此基础上结合我国国情研制了更加适应我国铁路的 ZPW-2000 无绝缘轨道电路移频自动闭塞设备。

ZPW-2000 无绝缘轨道电路移频自动闭塞设备发送到钢轨上的移频信号中包括 18 种低频信息和 8 种载频信息。这 8 种载频信息依据闭塞分区列车占用的情况，分别调制不同的低频信息，迎着列车的运行方向，向不同的闭塞分区传递信息。

（三）模拟系统的功能需求分析

该区间行车发码演示系统，分为上位机和下位机两部分。下位机设置拨码开关，通过操作下位机硬件电路板上的拨码开关，模拟区间闭塞分区的列车占用情况。同时，将占用信息发送至上位机，在上位机界面显示区间闭塞分区的发码情况。

1. 状态监测功能

该模拟系统应能对闭塞分区占用情况、信号表示灯显示、闭塞分区区段编码三个状态信息进行实时的监测。

（1）闭塞分区占用监测。系统实时地监测所有闭塞分区占用情况，在下位机用红色指示灯表示占用，将占用情况发送到上位机，在上位机界面的闭塞分区以红光带表示占用，实现闭塞分区占用监测。

（2）信号表示灯显示监测。下位机实时监测信号表示灯状态，将状态信息发送到上位机，在上位机界面上动态表示信号机颜色变化，实现信号灯显示监测。

（3）闭塞分区区段编码监测。下位机按照闭塞分区占用和进站信号机显示状态实时监测各区段的信号码，将状态信息生成编码序列发送到上位机，在上位机监测界面动态显示各区段发码信息的变化，实现区段编码信息监测。

2. 用户操作功能系统

该模拟系统需要具备可操作性，应能通过按钮实现对进路、区段限速、运行方向、运行模式、故障设置的操作。

（1）演示区间与车站咽喉区链接情况、区间发码与进站信号机显示的关联，需操作按钮实现通过、正线接发车、侧线接发车等进路的办理或取消。

（2）演示区段限速情境下区间发码情况，需要设计区段的限速设置和取消的操作。

（3）演示区间运行方向变更后的发码情况，应能操作系统实现指定区间运行方向的变更及编码序列翻转。

（4）演示移频自动闭塞切换到半自动闭塞时关闭发码，应能通过操作切换运行模式。

（5）演示某区段故障时的发码情况，需设计区段故障设置功能来触发故障码序发码。

（6）演示进站信号机故障导致红灯前移防护及区间发码变化，需设计信号故障设置功能使信号机灭灯，并触发红灯前移防护码序发码。

（7）演示挤岔或用户设置的道岔故障和联锁情况，需设计挤岔判别和道岔故障设置功能，并在监测界面表示。

3. 辅助支撑功能

该模拟系统应设计必要的联锁功能，以演示列车出站后，自动关闭出站信号机，并变换发码的状态。同时，还需要设计可靠的通信功能，实现下位机硬件状态上传和上位机操控指令下传的功能。当车站咽喉区占用时，能够关闭前后进出站信号机、调整区间发码序列、限制道岔位置转换。列车在通过区间信号机时，沿线顺向进出站信号机应与地面通过信号机联系。系统应有咽喉区段和进出站信号机及道岔状态的必要联锁。

模拟系统由下位机硬件和上位机监测软件组成，系统的各项功能都需双机交互数据联动实现，所以系统要有可靠的通信。

（四）系统的性能需求分析

区间行车发码演示系统还应能实现系统的仿真性、可靠性和实时性。系统依据区间行车发码规则进行设计，通过下位机硬件仿真地面设备，通过上位机软件实现监测控制功能，摒弃传统仿真系统虚拟行车方法，而采用硬件模拟的方法，同时，模拟系统能够真实地监测设备、通信的实时状态，依据故障—安全原则设计，当系统出现异常状况时，给出报警提示并限制危险侧操作和控制输出，从而保障模拟系统的可靠性。

为更加接近实际，模拟系统还需具备实时性，在双机双向通信过程中，数据包应设计为以较短的周期重复循环发送，持续更新状态数据和控制数据，实现实时性。

（五）区间行车发码模拟系统总体设计方案

1. 模拟系统的整体结构

区间行车发码模拟系统整体结构上分为监控子系统上位机和设备子系统下位机。监控子系统上位机利用计算机软件仿真地面列控中心和区间监测操作等功能；设备子系统下位机利用单片机和硬件电路模拟室外区段、道岔、信号机和联锁机等功能。系统整体结构如图 4-81 所示。

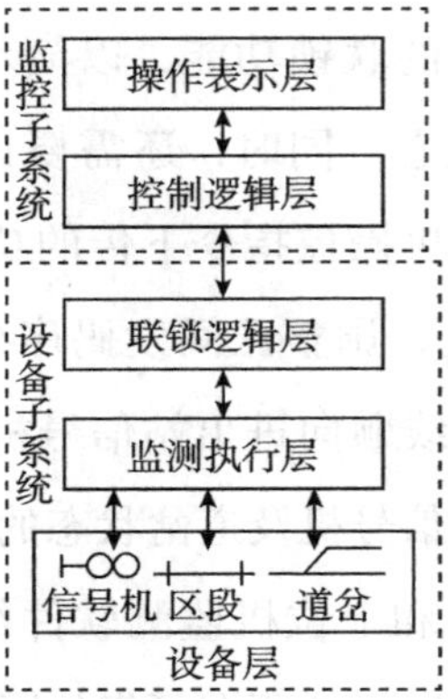

图 4-81　模拟系统整体结构

（1）监控子系统上位机。该子系统包括实现人机交互的操作表示层和区间行车的控制逻辑层。

操作表示层的作用包括：用于区段、信号码、信号机、道岔以及系统等状态信息的表示；处理进路、运行模式和方向、限速设置和取消等按钮功能的操作功能，并生成控制指令。

控制逻辑层能够实现通信控制，接收解析下位机传送的状态报文，编制发送给下位机的指令报文；模拟列控中心功能，控制区间闭塞分区的信号发码、列车运行方向、运行模式、区段限速，以及行车凭证等功能，仿真区间自动闭塞过程；模拟 64D 继电半自动闭塞系统功能。

（2）设备子系统下位机。该子系统包括实现设备联锁的联锁逻辑层、监测设备状态和执行设备动作的监测执行层，以及模拟信号设备的设备层。

联锁逻辑层完成区段、信号机、信号码三者之间的联锁控制，实现列车占用区段自动关闭信号、自动变换信号码等联锁关系；能够与列控中心通信，发送上传状态报文，结合当前联锁关系解析下传指令报文，得到设备控制指令。

监测执行层能够实时监测轨道区段、信号机、信号码、道岔等设备状态，综合生成上传状态报文；能够按照联锁逻辑解析设备控制指令，执行区段限速、信号显示等设备动作。

设备层通过硬件电路模拟信号机、轨道区段、道岔等设备的动作。如用指示灯模拟信号机、用开关状态模拟列车占用、用检测程序模拟道岔状态，设置区段状态表示灯指示区段状态。

2. 模拟系统区间布局方案

模拟系统的区间划分为 12 个闭塞分区，能够完整展示区间信号码序列。区间需要与车站咽喉区链接，该模拟系统设计了 2 个咽喉区段和 4 个站内停车线，能够演示区间发码状态与进站信号机显示的关联情况。区间整体按双线双向布局，共 36 个区段，分别用拨码开关模仿区段占用。同时，设计了 24 个闭塞分区状态表示灯来表示闭塞分区状态，设计了 12 组共 36 个信号表示灯，模仿进出站信号机。区间布局如图 4-82 所示。

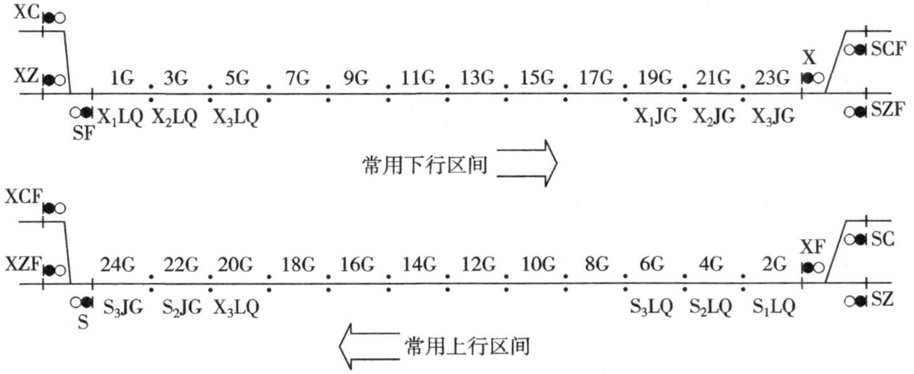

图 4-82　模拟系统区间布局

3. 监控子系统设计方案

在 Qt 平台使用 C++语言开发监控子系统软件，程序架构如图 4-83 所示。该子系统分为按钮操作、监控界面、控制运算、数据刷新、通信端口五个模块。按钮操作和监控界面属于操作表示层；控制运算和数据刷新属于控制逻辑层。

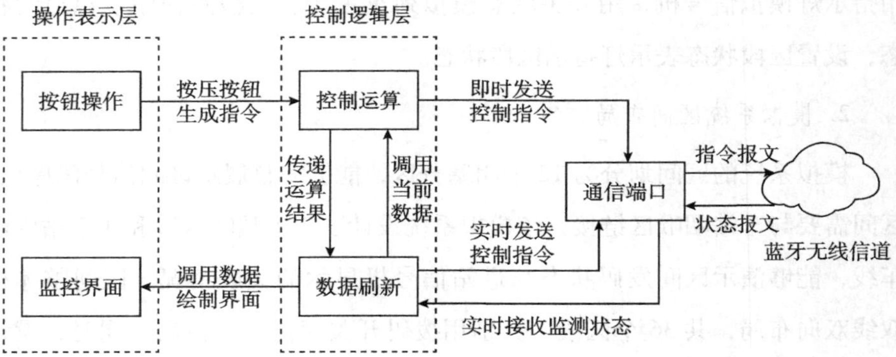

图 4-83　监控子系统程序架构

（1）按钮操作模块的作用是根据按钮操作生成控制指令，再传送到控制运算模块。

（2）监控界面模块的作用是从数据刷新模块调取状态数据，实时刷新区间监测界面。

（3）控制运算模块能够结合按钮控制指令和当前数据，经逻辑判断后综合生成新的控制指令，再传递给数据刷新模块。

（4）数据刷新模块能够综合处理监控子系统数据，并实时监测更新状态数据，再从控制运算模块输出更新指令数据。

（5）通信端口模块的作用是实现监控子系统串口通信的设置和数据收发，按控制指令完成指令报文编制发送，接收解析状态报文，获得监测状态数据，再传递给数据刷新模块。

4. 设备子系统设计方案

设备子系统由硬件电路和单片机结合搭建，通过嵌入式程序实现联锁逻辑、监测执行和通信功能。设备子系统嵌入式程序架构如图 4-84 所示。该子系统分为通信端口、联锁运算、数据刷新、指令执行、状态检查五个模块。联锁运算和数据刷新属于联锁逻辑层，指令执行和状态检查属于监控执行层。

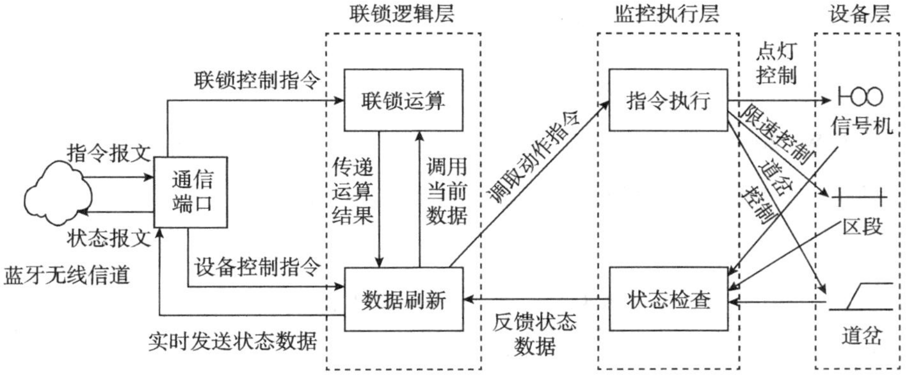

图 4-84 设备子系统嵌入式程序架构

（1）通信端口模块能够实现设备子系统串口通信的设置和数据收发，根据实时状态编制上传状态报文。同时接收解析下传指令报文，获得控制指令，传给联锁运算和数据刷新两个模块。

（2）联锁运算模块依据联锁关系综合运算控制指令和当前状态，将结果传给数据刷新模块。

（3）数据刷新模块综合处理设备子系统数据，结合实时反馈状态和联锁运算结果，更新设备状态数据。同时综合设备控制指令和联锁运算结果，生成设备动作指令。

（4）指令执行模块能够调取动作指令，设置下位机的表示灯 I/O 引脚电平，执行动作指令。

（5）状态检查模块实时检查表示灯、区段占用模仿开关、模拟道岔相关引脚电平，反馈给数据刷新模块。

设备层用 Altium Designer 软件按区间布局设计硬件电路，制作电路板，用红黄绿三色 LED 作信号表示灯，红色 LED 用作闭塞分区状态表示灯，用拨码开关模仿列车占用。

（六）区间信号码序编制方案

1. ZPW-2000A 型移频轨道电路发码原理

ZPW-2000A 型移频轨道电路采用 18 种不同频率的低频信号表示不同的信号码，信号码与频率的对应关系如表 4-17 所示。

表 4-17　信号码与频率对应关系

等级	15	14	13	12	11	10	9	8	7	6	5	4	3	2	1	0	占用检查	载频切换
信号码	L6	L5	L4	L3	L2	L	LU	LU2	U2S	U2	U	UUS	UU	HB	HU	H		
频率/Hz	22.4	21.3	23.5	10.3	12.5	11.4	13.6	15.8	20.2	14.7	16.9	19.1	18	24.6	26.8	29	27.9	25.7

区间轨道电路编码按区间运行方向、闭塞分区状态、进站信号机显示等因素进行编制。轨道电路编码序列推算方向与列车运行方向相反。列车占用、区段限速或区段故障决定本区段及后续区段编码情况，正常空闲码序与进站信号机显示情况关联。

2. 区间信号码编码方式

（1）追踪码序。列车在区间运行时，沿着列车运行的反方向从列车后方第一个空闲闭塞分区开始按照 HU→U→LU→L→L2→L3→L4→L5→L5→…的编码次序向后升级排列，L5 为最高级。

（2）接近码序。当多列车在区间追踪运行时，从每列车后方第一空闲闭塞分区起，都开始进行新的接近码序编码。并且当后行列车接近前行列车并压入低于 L5 码级闭塞分区时，与前行列车对应的追踪码序编码在此分区中断，并从次一闭塞分区开始新的追踪码序编码。这样从整个区间的码序就可知道列车在区间追踪运行的接近程度情况。

（3）限速码序。当设置某区段限速运行时，列车应降速到限制速度以下在该区段运行，所以从该区段起，应沿着列车运行反方向，各区段信号码按照 U→LU→L→L2→L3→L4→L5→L5→…的编码次序向后升级排列。

（4）故障码序。当某一区段轨道电路设备因灾害或事故而发生故障时，列车应在该区段紧急制动停车，所以从该区段起，区间按照故障码序发码，沿着列车运行反方向，各区段信号码按照 H→HU→U→LU→L→L2→L3→L4→L5→L5→…的编码次序向后升级排列。

（5）进站口防护码序。进站信号机未开放情况下，进站口外方三接近区段应发送 HU 码，并向区间逐区段升级编码。进而保证列车在站外减速停车，进站信号机开放红灯禁止信号。

（6）正线接车码序。当办理了正线接车进路，进站信号机开放一个黄灯信号，此时进站口外方三接近区段应发送 U 码，并向区间逐区段升级编码。

（7）一般侧线接车码序。当办理了侧线接车进路，且进路上最小道岔号码为 18 号及以下时，三接近区段发送 UU 码，二接近区段发送 U2 码，一接近区段发送 LU 码，并向区间逐区段升级编码。

（8）大号侧线接车码序。当办理了侧线接车进路，且进路上最小道岔号码为 18 号及以上时，三接近区段发送 UUS 码，二接近区段发送 U2S 码，一接近区段发送 LU 码，并向区间逐区段升级编码。

（9）红灯前移防护码序。当进站信号机因故熄灭不能显示任何信号时，为保障站内安全，三接近区段应发送 H 码，二接近区段发送 HU 码，并向区间逐区段升级编码。而且三接近区段外方通过信号机改点红灯，即进站信号机的红灯信号迁移到后方通过信号机，后续通过信号机显示顺延。

3. 闭塞分区信号码编码发码方案

为了便于编程实现闭塞分区信号码序列编码和发送，模拟系统程序制定了用代码表示信号码的方式。代码和信号码的对应关系如表 4-18 所示。

表 4-18　代码与信号码的对应关系

类别	基本码									专用码	
编码	H	HU	U	LU	L	L2	L3	L4	L5	UUS	U2S
代码	0	1	2	3	4	5	6	7	8	9	A

基本码用于编制追踪码序、接近码序、限速码序、故障码序、进站口防护码序、正线接车码序、一般侧线接车码序和红灯前移防护码序。

专用码在大号侧线接车码序编制中补充使用。根据进站信号机显示、区段限速、区段故障、列车占用等不同情况触发不同区间信号码序列。

无论原编码序列是否结束，凡遇到新触发事件，即无条件触发相应编码序列。设备子系统按照下述四种方式触发信号码序列的发送。

（1）信号触发。根据进站信号机不同显示，将触发不同的编码序列。编码序列如表 4-19 所示。

表 4-19　编码序列

进站信号	触发的编码序列
绿灯	进站信号机→L5→L5→L5→L5→L5→L5→L5→L5→…
黄灯	进站信号机→LU→L→L2→L3→L4→L5→L5→L5→…

续表

进站信号	触发的编码序列
双黄灯	进站信号机→U→LU→L→L2→L3→L4→L5→L5→…
黄闪黄灯	进站信号机→UUS→U2S→LU→L→L2→L3→L4→L5→L5→…
红灯	进站信号机→HU→U→LU→L→L2→L3→L4→L5→L5→…
灭灯	进站信号机→H→HU→U→LU→L→L2→L3→L4→L5→L5→…

（2）限速触发。从每个设置限速区段起，按限速码序发码。

U（限速区段）→LU→L→L2→L3→L4→L5→L5…

（3）故障触发。从每个设置故障区段起，按故障码序发码。

H（故障区段）→HU→U→LU→L→L2→L3→L4→L5→L5…

（4）占用触发。从每个列车占用区段起，后续区段开始按追踪码序发码。

列车占用区段→HU→U→LU→L→L2→L3→L4→L5→L5…

同一区段触发优先级为故障触发>占用触发>限速触发>信号触发，高优先级触发的信号码可覆盖低优先级触发的信号码。

（七）模拟系统硬件部分设计

1. 硬件布局设计图

该区间行车发码模拟系统是按照双线双向的区间进行设计的。布局设计如图 4-85 所示。占用模拟开关与闭塞分区和站内区段一一对应，布局在状态模拟区域，侧接点共地，中接点经监测总线连接单片机对应检测输入引脚。闭塞分区状态表示灯与闭塞分区一一对应，布局在状态指示区域，用红、黄、绿三色 LED 共阳极连接，阴极经指示总线连接单片机驱动控制引脚。

2. 硬件布局的描述

为便于设计描述，对各闭塞分区和站内区段分类指定代码。代码如表 4-20 所示。

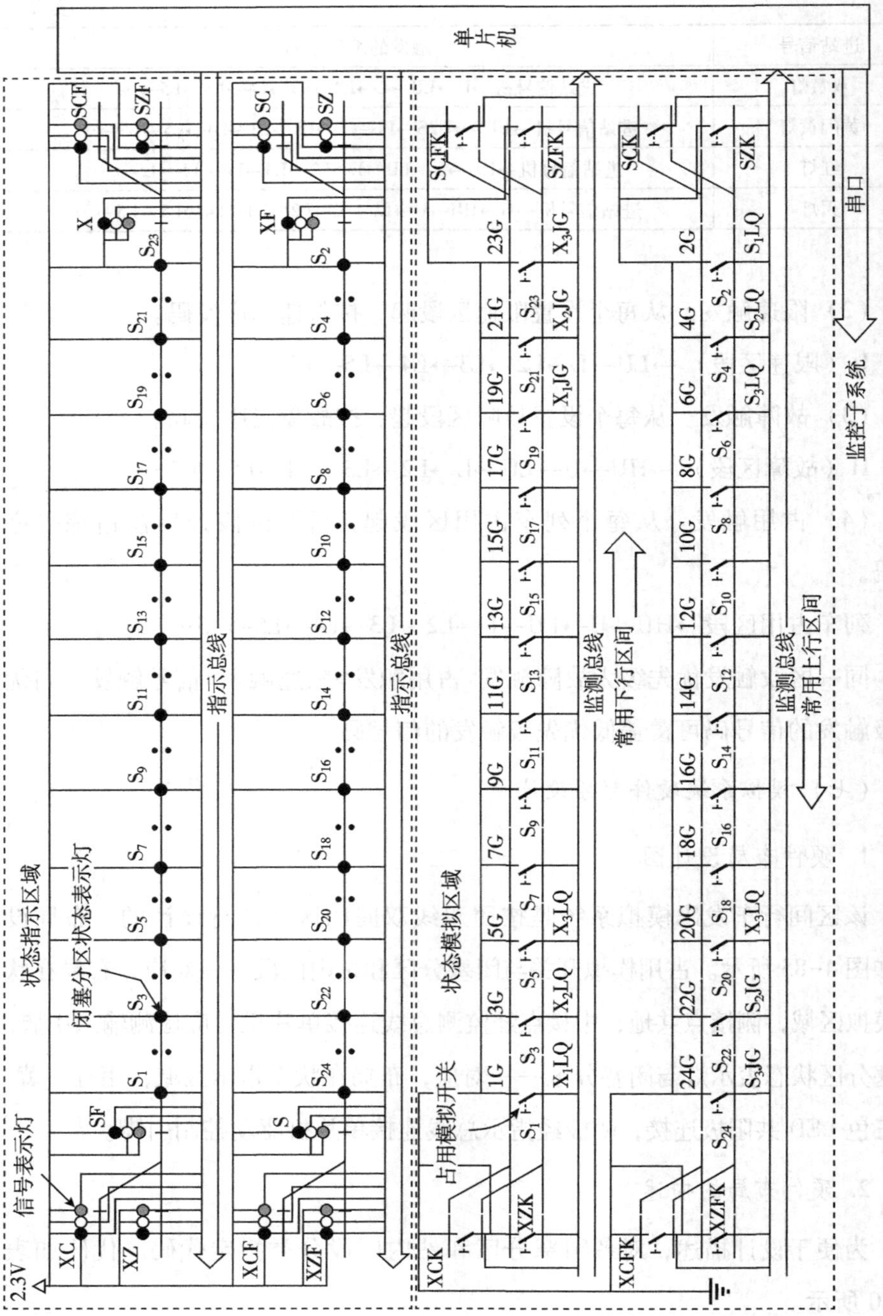
单片机
状态指示区域
信号表示灯
闭塞分区状态表示灯
指示总线
状态模拟区域
占用模拟开关
监测总线
常用下行区间
常用上行区间
串口
监控子系统
2.3V

图 4-85 布局设计图

表 4-20 设备描述编号

分类	常用下行区间				常用上行区间			
项目	编号	开关	表示灯	代码	编号	开关	表示灯	代码
对应内容	1G（X1LQ）	K_{1}	S_{1}	1	24G（S3JG）	K_{24}	S_{24}	1
	3G（X2LQ）	K_{3}	S_{3}	2	22G（S2JG）	K_{22}	S_{22}	2
	5G（X3LQ）	K_{5}	S_{5}	3	20G（S1JG）	K_{20}	S_{20}	3
	7G	K_{7}	S_{7}	4	18G	K_{18}	S_{18}	4
	9G	K_{9}	S_{9}	5	16G	K_{16}	S_{16}	5
	11G	K_{11}	S_{11}	6	14G	K_{14}	S_{14}	6
	13G	K_{13}	S_{13}	7	12G	K_{12}	S_{12}	7
	15G	K_{15}	S_{15}	8	10G	K_{10}	S_{10}	8
	17G	K_{19}	S_{17}	9	8G	K_{8}	S_{8}	9
	19G（X1JG）	K_{21}	S_{19}	10	6G（S3LQ）	K_{6}	S_{6}	10
	21G（X2JG）	K_{23}	S_{21}	11	4G（S2LQ）	K_{4}	S_{4}	11
	23G（X3JG）	K_{23}	S_{23}	12	2G（S1LQ）	K_{2}	S_{2}	12
分类	站内区段				信号表示灯			
项目	编号	开关	表示灯	代码	编号			代码
对应内容	SFG	SFK	SF	1	SF			9
	SG	SK	S	2	S			12
	XG	XK	X	3	X			3
	XFG	XFK	XF	4	XF			6
	XCG	XCK	XC	5	XC			1
	XCFG	XCFK	XCF	6	XCF			4
	SCFG	SCFK	SCF	7	SCF			7
	SCG	SCK	SC	8	SC			10
	XZG	XZK	XZ	9	XZ			2
	XZFG	XZFK	XZF	10	XZF			5
	SZFG	SZFK	SZF	11	SZF			8
	SZG	SZK	SZ	12	SZ			11

3. 模拟系统硬件部分整体设计

（1）硬件部分整体结构。硬件电路是设备子系统的主体，整体结构如图 4-86 所示。模拟系统硬件部分以主体电路板承载连接 STM32 单片机最小系统板、HC-05 蓝牙通信模块、列车占用模拟开关、闭塞分区占用表示灯和信号表示灯。

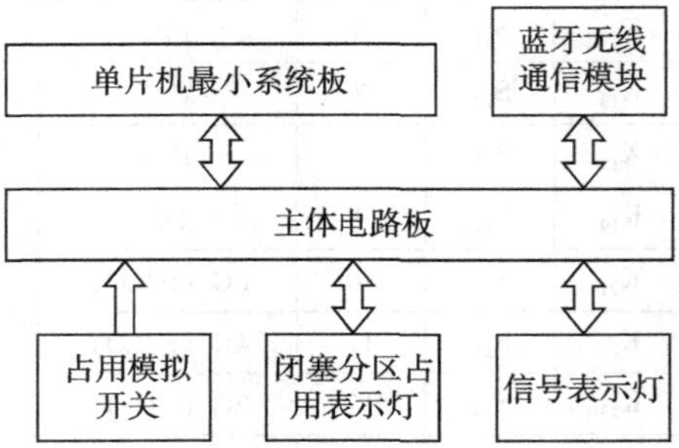

图 4-86　硬件部分整体结构

（2）单片机最小系统板选型。由于该模拟系统的设计需要单片机驱动大量的表示灯，STM32 系列单片机 I/O 引脚丰富且带载能力强，适合本系统设备子系统开发。在该系统的硬件设计中，选择 144 引脚、512K 的 STM32F103ZET6 型单片机。

（3）通信模块选型。该模拟系统需要实现上位机和下位机的可靠通信，选择了 HC-05 蓝牙通信模块与上位机蓝牙连接，建立监控子系统和设备子系统通信，该模块兼容 USART 串口，通信可靠性好。

（4）引脚连接电路配置设计。给每个轨道区段分配一个 I/O 引脚，配置为上拉输入模式，连接到拨码开关中接点，拨码开关侧接点接地。拨动拨码开关使中接点与接地侧接点接通时，I/O 引脚拉低，引脚高电平模拟区段空闲，低电平模拟区段占用。用 LED 设计闭塞分区状态表示灯和信号表示灯，阳极外接正电，阴极与 I/O 引脚连接，配置为推挽输出模式。配置设计如图 4-87 所示，表示灯驱动引脚连接如图 4-88 所示。

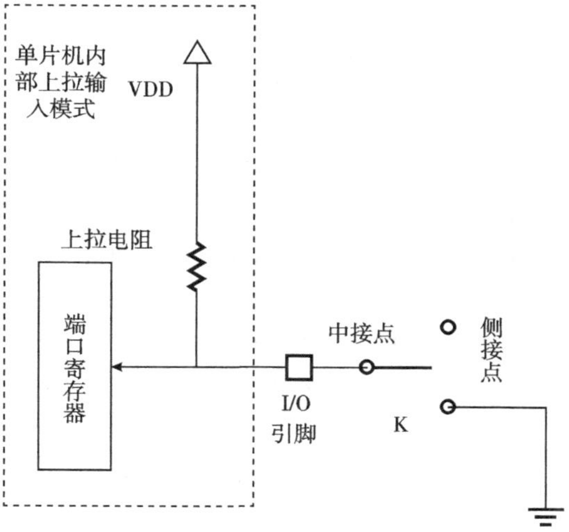

图 4-87　引脚连接电路配置图

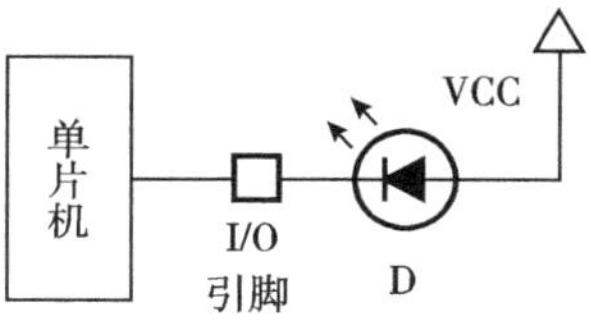

图 4-88　表示灯驱动引脚连接图

4. 模拟系统硬件主体电路板的设计

单片机引脚使用规划根据 STM32 单片机芯片参考手册 I/O 引脚功能描述，按照硬件布局设计图合理规划 I/O 引脚，引脚分配情况如表 4-21 所示。

表 4-21 引脚分配情况

分类		引脚分配规划对应关系											
下行开关	元件	K_1	K_3	K_5	K_7	K_9	K_{11}	K_{13}	K_{15}	K_{17}	K_{19}	K_{21}	K_{23}
	引脚	PF_0	PF_1	PF_2	PF_3	PF_4	PF_5	PF_6	PF_7	PF_8	PF_9	PF_{10}	PF_{11}
上行开关	元件	K_{24}	K_{22}	K_{20}	K_{18}	K_{16}	K_{14}	K_{12}	K_{10}	K_8	K_6	K_4	K_2
	引脚	PG_{11}	PG_{10}	PG_9	PG_8	PG_7	PG_6	PG_5	PG_4	PG_3	PG_2	PG_1	PG_0
站内开关	元件	SFK	SK	XK	XFK	XCK	XCFK	SCFK	SCK	XZK	XZFK	SZFK	SZK
	引脚	PF_{12}	PF_{13}	PF_{14}	PF_{15}	PB_{12}	PB_{13}	PB_{14}	PB_{15}	PG_{12}	PG_{13}	PG_{14}	PG_{15}
下行灯	元件	S_1	S_3	S_5	S_7	S_9	S_{11}	S_{13}	S_{15}	S_{17}	S_{19}	S_{21}	S_{23}
	引脚	PD_0	PD_1	PD_2	PD_3	PD_4	PD_5	PD_6	PD_7	PD_8	PD_9	PD_{10}	PD_{11}
上行灯	元件	S_{24}	S_{22}	S_{20}	S_{18}	S_{16}	S_{14}	S_{12}	S_{10}	S_8	S_6	S_4	S_2
	引脚	PE_{11}	PE_{10}	PE_9	PE_8	PE_7	PE_6	PE_5	PE_4	PE_3	PE_2	PE_1	PE_0
信号表示灯	元件	XCL	XCU	XCH	XZL	XZU	XZH	SFL	SFU	SFH	XCFL	XCFU	XCFH
	引脚	PC_0	PC_1	PC_2	PC_3	PC_4	PC_5	PC_6	PC_7	PD_{12}	PC_8	PC_9	$PC_1$0
	元件	XZFL	XZFU	XZFH	SL	SU	SH	SCFL	SCFU	SCFH	SZFL	SZFU	SZFH
	引脚	PC_{11}	PC_{12}	PC_{13}	PB_0	PB_1	PD_{13}	PB_2	PB_5	PB_6	PB_7	PB_8	PB_9
	元件	XL	XU	XH	SCL	SCU	SCH	SZL	SZU	SZH	XFL	XFU	XFH
	引脚	PB_{10}	PB_{11}	PD_{14}	PA_1	PA_2	PA_3	PA_4	PA_5	PA_6	PA_7	PA_8	PD_{15}

注：X：下行；S：上行；Z：正线；C：侧线；F：反向；K：占用模仿开关；S：闭塞分区状态表示灯；JG：接近区段；LQ：离去区段；H：红灯；U：黄灯；L：绿灯。按 STM32 芯片参考手册，PA9 和 PA10 分别配置成串口 RX 和 TX 端，连接到蓝牙接口 BTX 和 BRX 端。

5. 模拟系统硬件主体电路板原理图

按最小系统 I/O 引脚使用规划，用 Altium Designer 设计出的主体电路板电路原理图，如图 4-89 所示。

（八）模拟系统软件部分设计

1. 系统程序运行机制

该区间发码模拟系统程序包括监控子系统软件程序和设备子系统嵌入式程序两大部分。各子系统以数据刷新模块为核心，采用短周期不间断循

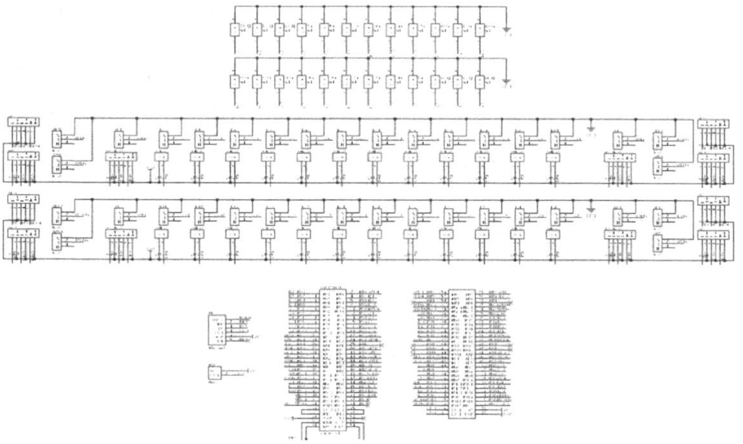

图 4-89　主体电路板电路原理图

环的方式刷新数据，实现系统的实时性，这个周期称为“系统周期”。

软件程序用数据表示各个设备、信号码、系统运行相关状态和控制指令，构建动态数据库。状态表示部分为状态集，指令表示部分为指令集。监控子系统按钮响应、设备子系统占用模拟开关动作等，按突发事件即时改变指令集和状态集中有关数据。系统程序运行机制如图 4-90 所示。系统进程被系统周期切割成离散时间片，每一系统周期，向前递进一个时间片，进而刷新一遍所有数据，更新一次状态集和指令集。每个时间片内，系统各数据恒定，宏观表现出实时性。且监控子系统和设备子系统可以用蓝牙串口异步通信，各子系统周期不需同步。为防止监测界面绘图延迟，监控界面模块单独用小于系统周期的绘图周期来刷新界面图形。

2. 系统数据结构设计

软件部分编程采用特定数据结构来描述监测界面绘图、操作状态、设备状态、控制指令等信息。设计程序前分析系统数据，设计数据组织形式，用于编程设计。区间行车发码模拟系统涉及静态数据和动态数据两大类数据。

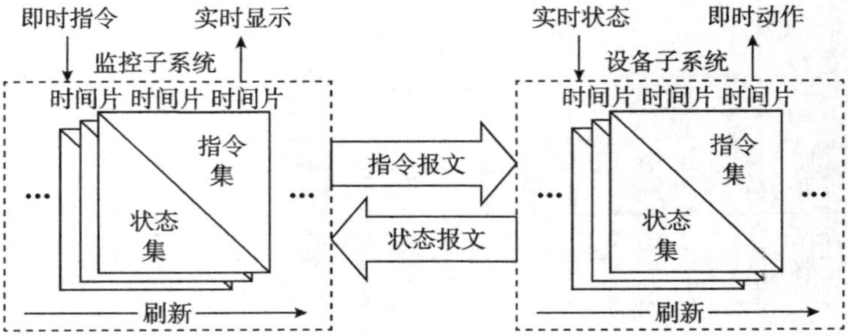

图 4-90　系统程序运行机制

（1）静态数据。静态数据包括引脚映射、系统常量、绘图定位坐标和界面标注。如表 4-22 所示，设备子系统程序设计中，用拼音缩写的方式对占用模拟开关相关引脚输入数据寄存器、信号表示灯和闭塞分区占用表示灯控制引脚数据寄存器进行宏定义。

表 4-22　引脚映射宏定义对照

指示引脚				监测引脚			
下行相关		上行相关		下行相关		上行相关	
寄存器/位	宏定义	寄存器/位	宏定义	寄存器/位	宏定义	寄存器/位	宏定义
GPIOD->ODR	XZS	GPIOE->ODR	SZS	GPIOF->IDR	XJC	GPIOG->IDR	SJC
PCout（0）	XCL	PCout（6）	SFL	PCin（0）	_XCL	PCin（6）	_SFL
PCout（1）	XCU	PCout（7）	SFU	PCin（1）	_XCU	PCin（7）	_SFU
PCout（2）	XCH	PDout（12）	SFH	PCin（2）	_XCH	PDin（12）	_SFH
PCout（3）	XZL	PBout（0）	SL	PCin（3）	_XZL	PBin（0）	_SL
PCout（4）	XZU	PBout（1）	SU	PCin（4）	_XZU	PBin（1）	_SU
PCout（5）	XZH	PDout（13）	SH	PCin（5）	_XZH	PDin（13）	_SH
PCout（8）	XCFL	PBout（2）	SCFL	PCin（8）	_XCFL	PBin（2）	_SCFL
PCout（9）	XCFU	PBout（5）	SCFU	PCin（9）	_XCFU	PBin（5）	_SCFU
PCout（10）	XCFH	PBout（6）	SCFH	PCin（10）	_XCFH	PBin（6）	_SCFH
PCout（11）	XZFL	PBout（7）	SZFL	PCin（11）	_XZFL	PBin（7）	_SZFL

续表

指示引脚				监测引脚			
下行相关		上行相关		下行相关		上行相关	
寄存器/位	宏定义	寄存器/位	宏定义	寄存器/位	宏定义	寄存器/位	宏定义
PCout（12）	XZFU	PBout（8）	SZFU	PCin（12）	_XZFU	PBin（8）	_SZFU
PCout（13）	XZFH	PBout（9）	SZFH	PCin（13）	_XZFH	PBin（9）	_SZFH
PBout（10）	XL	PAout（1）	SCL	PBin（10）	_XL	PAin（1）	_SCL
PBout（11）	XU	PAout（2）	SCU	PBin（11）	_XU	PAin（2）	_SCU
PDout（14）	XH	PAout（3）	SCH	PDin（14）	_XH	PAin（3）	_SCH
PAout（7）	XFL	PAout（4）	SZL	PAin（7）	_XFL	PAin（4）	_SZL
PAout（8）	XFU	PAout（5）	SZU	PAin（8）	_XFU	PAin（5）	_SZU
PDout（15）	XFH	PAout（6）	SZH	PDin（15）	_XFH	PAin（6）	_SZH
—	—	—	—	PFin（14）	XDG	PFin（13）	SDG
—	—	—	—	PFin（15）	XFDG	PFin（12）	SFDG

用宏定义标记系统的固定初值、计时/计数初值、字串长度等数值常量。分类定义不同图形基准坐标，后续同类图形坐标按相对位移推算，得到所有绘图定位坐标。系统标题、区段名称、信号机名称等固定的界面标注信息，定义为字符串常量。

（2）动态数据。软件部分的动态数据有标志位、描述字串、计数表、图形对象和功能对象。设计各类标志位，以其不同的取值表示不同的系统状态或控制指令。设计字符串来描述设备状态和控制指令，字符元素序号与区段、信号机、道岔等设备代码对应，称为描述字串。这些字串分为待发送字串和已接收字串。待发送字串的格式为“_ ************ \ n”，“_”为字串类别标识符；“ * ”为对应设备状态或指令；“ \ n”为字串结束符。已接收字串不含标识符和结束符，按字串名称区别。

记录站内区段延时解锁倒计时和系统状态检查延时的系统周期数，站内区段延时解锁计时表：znjs_tim [ ]，系统状态检查延时：jc_tim。监测界面的图形对象数据以类结构体方式定义，包括区段结构体 zqdlocat、码序图标结构体 mxpoints 和信号机结构体 xhjstate，分别确定监测界面中轨道区段、码序图标、信号机等图形的位置、形状和绘图颜色。

系统两类功能对象数据也按照类结构体定义，包括用于记录码序状态的码序状态结构体 mxzt 和实现 64D 半自动闭塞演示的 64D 闭塞机继电器组合结构体_64Dbsj。

3. 监控子系统界面设计

在设计系统进程程序中，首先创建登录界面，然后验证用户名和密码是否与程序设定一致，仅在一致时进入系统主界面。从而，启动系统后首先进入登录界面，输入正确的用户名和密码，点击确定，进入系统主界面，在主界面点击“通信设置”按钮调出通信设置界面。登录界面、主界面和通信设置界面如图 4-91、图 4-92 和图 4-93 所示。

图 4-91　登录界面布局设计

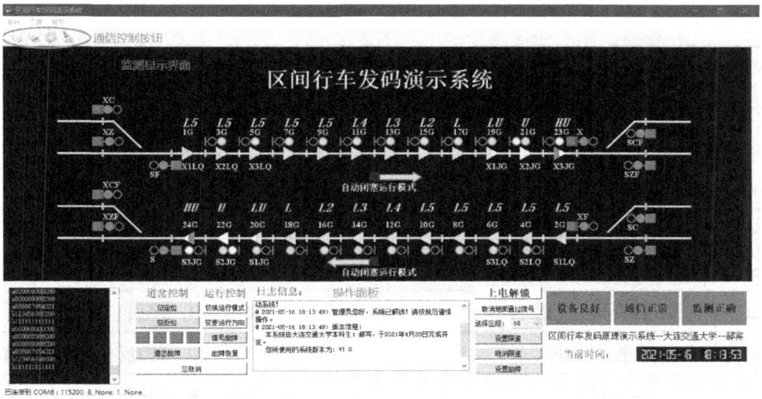

图 4-92　系统主界面布局设计

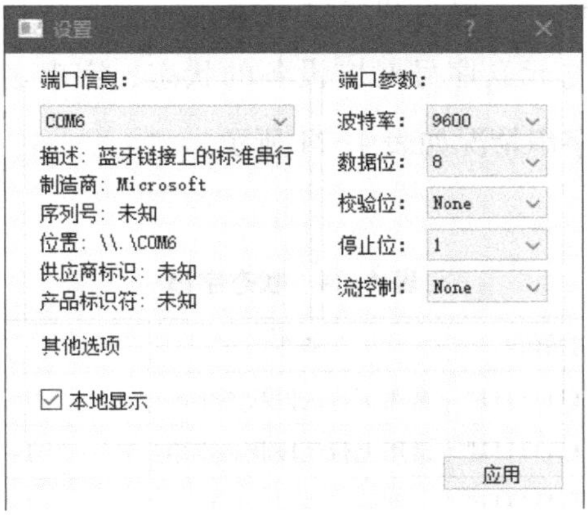

图 4-93　通信设置界面布局设计

4. 监控子系统软件程序设计

（1）数据定义。软件程序的数据定义了 8 个标志位，按其不同的取值动态记录系统运行状态、运行控制状态、通过信号机状态、道岔控制状态和闪光状态。数据定义标志位如表 4-23 所示。

表 4-23　标志位

名称	备注	取值含义
SBstate	设备状态	1：设备故障（初始），0：设备良好
TXstate	通信状态	1：通信中断（初始），0：通信正常
JCstate	监测状态	1：监测错误（初始），0：监测正确
ModCon	模式控制允许	0：不可控，1：可控
DirCon	方向控制允许	0：不可控，1：可控
TGxhState	通过信号机控制	1：显示，0：熄灭
control	道岔控制允许	0：不可控，1：可控定位，2：可控反位，3：设置故障
shanflg	闪光标志	0：熄灭，1：闪亮

软件程序中用字符串的形式记录由蓝牙通信接收到的设备状态，根据分类首字符分类解析，去掉头和尾分别读入对应的状态字串中，以其各元素不同的取值表示与元素序号对应设备的状态、字串名称、初始值、备注和取值含义。状态字串情况如表 4-24 所示。

表 4-24　状态字串

名称	初始值	备注	取值含义
xzqd_state [ ]	"111111111111"	常用下行区段状态字串	1：占用，0：空闲
szqd_state [ ]	"111111111111"	常用上行区段状态字串	1：占用，0：空闲
znqd_state [ ]	"111111111111"	站内区段状态字串	1：占用，0：空闲
xhj_state [ ]	"111111111111"	信号机显示状态字串	0：灭灯，1：红灯，2：黄灯，3：绿黄灯，4：绿灯，5：黄闪黄灯
xmxt [ ]	"000000000000"	常用下行区间码序字串	按表 4-23 对应取值
smxt [ ]	"000000000000"	常用上行区间码序字串	按表 4-23 对应取值
dc_state [ ]	"1111"	道岔状态字串	0：故障，1：定位，2：反位
znsd_state [ ]	"111111111111"	站内锁定状态字串	1：锁定，0：解锁
xhan_state [ ]	"000000000000"	信号按钮状态字串	1：已按，0：未按

指令字串的定义如表 4-25 所示，用带分类首字符和字串结束符 "\ n"

的字符串记录监控子系统对设备子系统的控制指令。分类首字符便于设备子系统分类解析，区别不同指令。

表 4-25 指令字串

名称	初始值	备注	取值含义
runCmd [ ]	"f000000000000 \ n"	运行状态控制字串	0：默认，1：变化
xhj_ show [ ]	"j111111111111 \ n"	信号机显示控制字串	0：灭灯，1：红灯，2：黄灯，3：绿黄灯，4：绿灯，5：黄闪黄灯
xqdlimt [ ]	"u000000000000 \ n"	常用下行区间限速控制字串	0：不限，1：限速，2：故障
sqdlimt [ ]	"v000000000000 \ n"	常用上行区间限速控制字串	0：不限，1：限速，2：故障

软件程序使用图形对象中自定义的区段类结构体定义常用下行区段 zqd-locatxzqd_ data [12]、常用上行区段 zqdlocat szqd_ data [12] 和站内区段 zqdlocat znqd_ data [12]；用码序图标类结构体定义下行码序图标 mxpoints xmxpoints [12] 和上行码序图标 mxpointssmxpoints [12]；用信号机类结构体定义进出站信号机 xhjstate xhj [12]，下行通过信号机和上行通过信号机 xhjstate xtgxhj [12]、stgxhj [12]。使用功能对象中自定义的码序状态类结构体定义下行码序状态 mxzt xmx [12] 和上行码序状态 mxzt smx [12]；用 64D 闭塞机继电器组合结构体定义下行正向、下行反向、上行正向和上行反向四个闭塞机 64Dbsjxzbsj、xfbsj、szbsj、sfbsj。

（2）通信服务程序。上位机和下位机间的指令报文按照规定格式发送，为使设备子系统识别下传指令报文，监控子系统发送指令报文前，为下传报文头部前缀报文起始标志“S”，尾部后缀报文结束符“\ r”，按“S_ ************\ n \ r”格式发送。“_ ************ \ n”为不同指令字串。状态报文接收解析遵循对应规则完成，接收到报文数据存储于数组 data [ ] 中，根据首字符 data [0] 判断报文类别，解析得到各状态字串内容，对应关系如表 4-26 所示。

表 4-26 状态报文解析对照

data［0］值	‘x’	‘s’	‘z’	‘a’	‘b’	‘h’
状态字串	xzqd_state［］	szqd_state［］	znqd_state［］	xmxt［］	smxt［］	xhj_state［］

（3）监测显示部分的程序设计。在上位机的软件程序中，通过判断下行直区段、上行直区段、站内锁定和站内区段四个字串各元素值是否为“1”，来设置区段光带的颜色，实现区段状态监测显示，程序设计流程如图 4-94 所示。

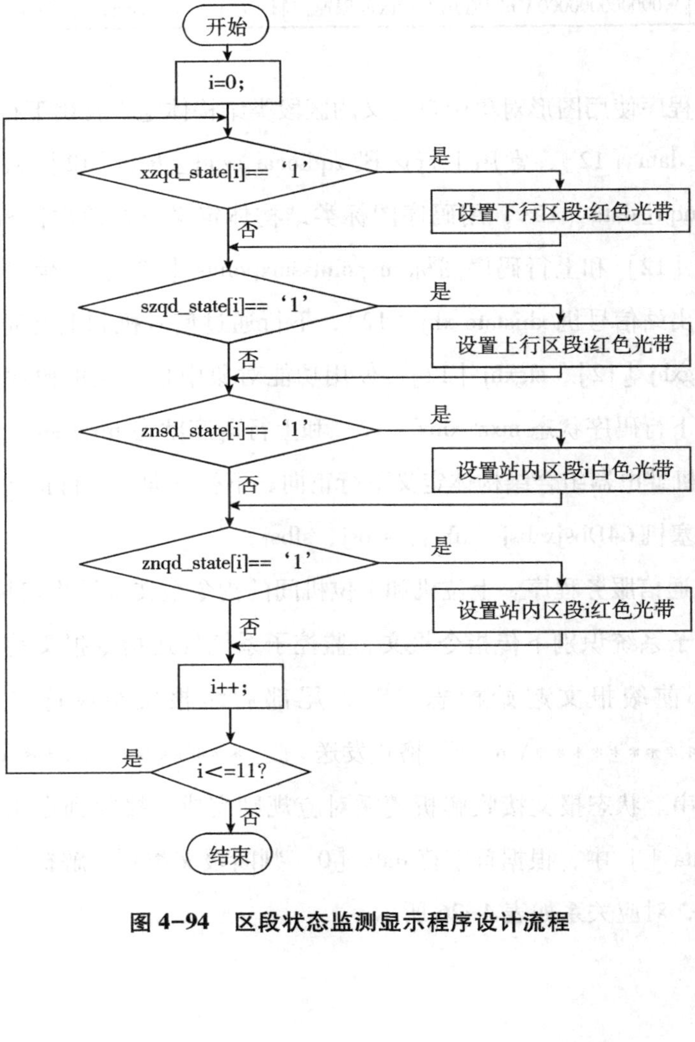

图 4-94 区段状态监测显示程序设计流程

在上位机监测界面中，区段空闲、占用和锁定三种状态的显示效果如图 4-95 所示。

图 4-95　区段状态情况

监控子系统根据设备子系统通过蓝牙模块发到上位机的区间信号码状态信息动态绘制区段信号码图标，实现区间码序监测显示。信号码中包含 HU、LU 等双字码，故按双色码制将 H、U、L 单字码拆成 HH、UU、LL 码型，能涵盖双字码。信号码表示符按解析得到的双字码分 a、b 两部分选色绘制。图标选色过程如图 4-96 所示。

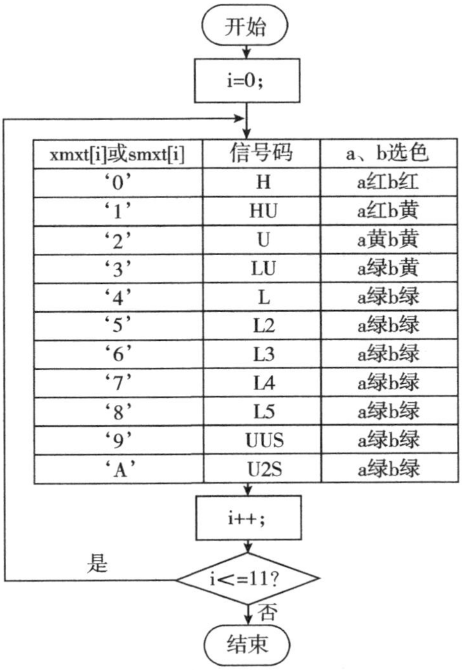

图 4-96　信号码图标选色设计

信号码表示图标的设计如图 4-97 所示。分别为：H，HU，U，LU，L、L2、L3、L4、L5，U2S，UUS 7 种图标，用于标示闭塞分区信号码。

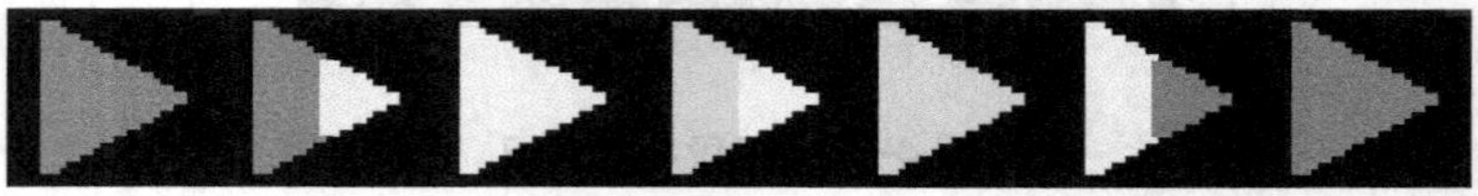

图 4-97　区间信号码情况

监测子系统根据设备子系统通过蓝牙通信发到上位机的信号表示灯状态进行信号机图标选色，实现信号机显示状态监测显示。界面设计双灯位，显示不同的信号。进出站信号机灯位选色程序如图 4-98 所示。

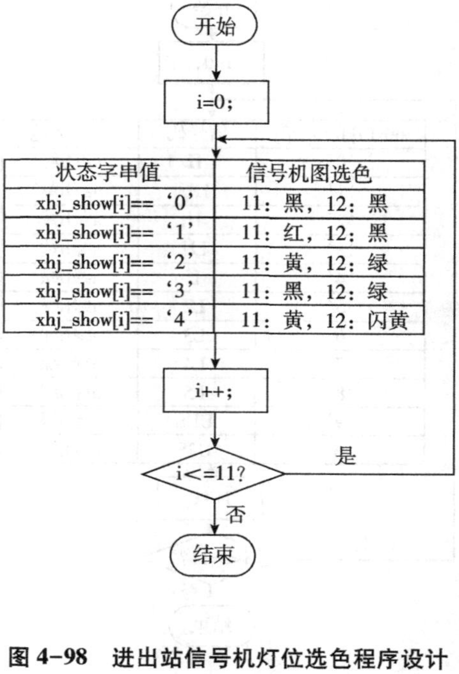

图 4-98　进出站信号机灯位选色程序设计

区段信号码控制对应区间通过信号机的显示，通过判断信号码的状态，选择相应的信号机灯位颜色，通过信号机灯位选色程序如图 4-99 所示。

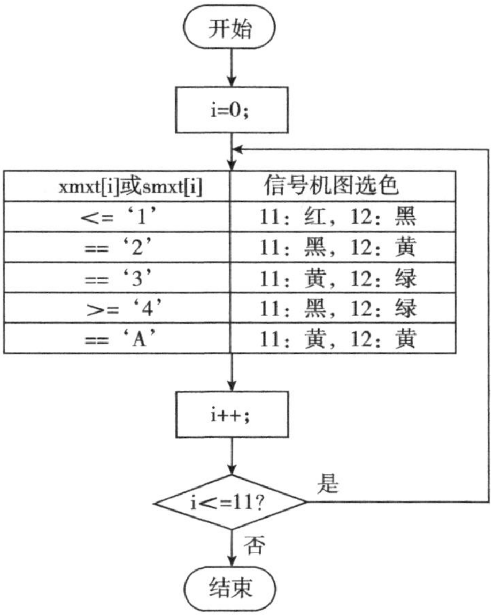

图 4-99 通过信号机灯位选色程序设计

信号机显示状态依次为灭灯、红灯、黄灯、绿黄灯、绿灯、双黄灯，上位机监测界面的显示如图 4-100 所示。

图 4-100 信号机显示状态

监控界面表示图形按“分类绘制，动态刷新”实时绘制。包括静态图形：文字标注、绝缘节、信号机框架；动态图形：区段光带、道岔图形、区段信号编码表示图标、信号机灯位、区间运行方向表示箭头。定义绘图事件函数，以较短周期循环执行，按顺序绘制所有图形，每次绘图前，用黑色背景覆盖上一周期图形以清除界面，再重绘各类图形，实现监控界面图形的实时性。在绘图前初始化基础数据，按坐标递推方式完成每一类图形定位数据设置。绘图事件单独采用小于系统周期的“绘图周期”来刷新监测界面。绘图流程：刷新→64D 操作界面→文字标注→上下行箭头标志→信号机→电气绝缘节→区段轨道光带→码序图标→机械绝缘节。

5. 模拟系统上位机操作控制程序

（1）道岔单独操纵控制。

“总定位”按钮：按下使道岔控制允许标志位 control = 1，激活道岔按钮。

“总反位”按钮：按下使道岔控制允许标志位 control = 2，激活道岔按钮。

“道岔故障”按钮：按下使道岔控制允许标志位 control = 0，激活道岔按钮。

4 个道岔按钮：在 control 不同值情况下按下“道岔按钮 i”。

（2）进路建立控制。交叉检查按钮状态，按照进路关联识别所办理的进路，完成建立进路的系列操作。

进站信号机信号按钮响应函数中检查站内正线和侧线出站信号机信号按钮及区间另一端进站信号机信号按钮状态，识别进路始端。如果未检查到按下的按钮，则本按钮为进路始端按钮，否则为进路终端按钮。

依次按下进路始终端按钮，在进路终端按钮相应函数中，识别进路，设置道岔状态表中对应位，将相关道岔转换到进路开通方向；再将站内区段锁定状态表中对应位置“1”，锁定该区段；最后设置信号机显示控制字串中对应位的值，按进路要求开通信号。

（3）区段限速控制。区段限速分为临时限速和故障限速，由区段限速控制按钮触发。按钮响应如表 4-27 所示。区段故障由“故障恢复”按钮统一恢复。

表 4-27　区段限速相关按钮响应

按钮	设置限速	取消限速	设置故障
操作	xqdlimt[i]/sqdlimt[i]置‘1’	xqdlimt[i]/sqdlimt[i]置‘0’	xqdlimt[i]/sqdlimt[i]置‘2’
效果	设置该区段临时限速	取消该区段临时限速	设置该区段故障限速

（4）运行模式和方向控制。设置“切换运行模式”“变更运行方向”和两个区间的运行控制按钮，对运行模式和方向实现控制。切换运行模式：按下“切换运行模式”按钮，ModCon=‘1’。运行控制过程如图 4-101 所示。

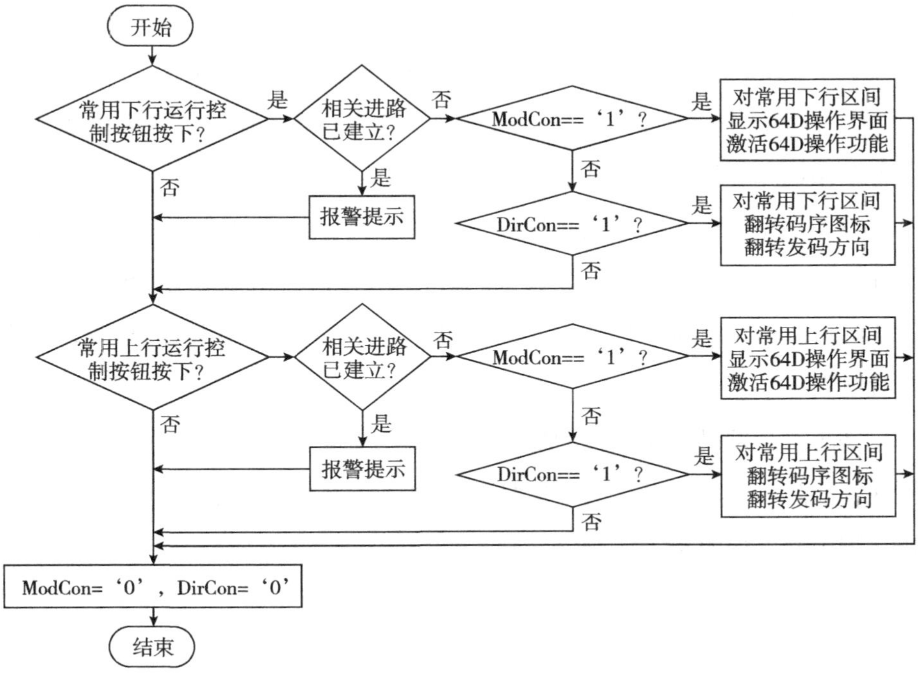

图 4-101　运行控制过程

6. 系统运行状态检查程序

该模拟系统需要编译设备状态检查程序，监控子系统检查设备状态字串，判断是否有设备故障，当有设备发生故障时，设备状态标志位 SBstate= ‘1’，给出“设备故障”报警，否则 SBstate= ‘0’，显示“设备良好”。

编译通信状态检查程序，监控子系统检查接收报文数据格式和延时，判断通信状态，若接收报文格式错误或延迟，则通信状态标志位 TXstate= ‘1’，给出“通信中断”报警，否则 TXstate= ‘0’，显示“通信正常”。

编译监测状态检查程序，监控子系统检查控制指令和设备状态一致性，判断设备监测状态，若设备状态与控制指令要求状态不一致，说明监测到设备错误，应使监测状态标志位 JCstate= ‘1’，给出“监测错误”报警，否则 JCstate= ‘0’，显示“监测正确”。

7. 设备子系统嵌入式程序设计

（1）状态监测程序。设备子系统中通过带分类首字符和字串结束符‘\n’的字符串记录区段、信号机和信号码的状态。设备子系统中预先定义好基本码序和侧线接车码序，供码序状态字串直接取值。

设备子系统程序通过实时地逐个判断下行、上行和站内三类区段是占用还是空闲，进而给下行直区段、上行直区段和站内区段对应状态字串的元素赋值，占用时赋‘1’，空闲时赋‘0’，实现区段占用状态检测，程序流程如图 4-102 所示。

基于信号发码触发方式的优先级顺序，设备子系统程序中对区段按照限速、故障、占用和根据信号机显示的顺序来判断该区段应当选用的信号码，编码程序如图 4-103 所示。

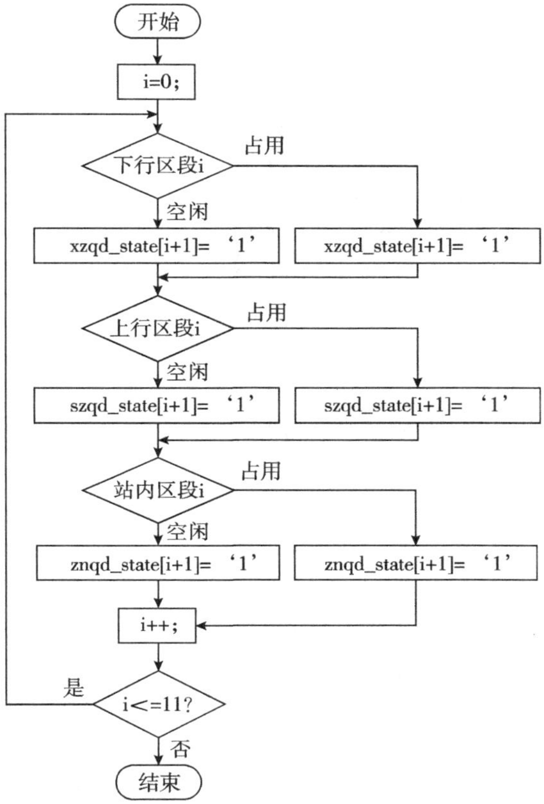

图 4-102　区段占用状态检测流程

（2）动作指示类程序。设备子系统接收到下传的指令字串后，按照分类首字符分类解析，去掉头和尾，分别读入对应的指示控制字串。

采用寄存器循环赋值实现区间占用指示。循环执行“XZS = XJC”和“SZS = SJC”两条语句，将检测闭塞分区占用模拟开关的引脚输入数据寄存器值不断赋给控制闭塞分区状态表示灯的引脚输出数据寄存器，令闭塞分区状态表示灯实时指示闭塞分区状态。设备子系统程序中对咽喉区进行检查，实现列车越过信号机自动关闭信号等必要的联锁控制，联锁程序如图 4-104 所示。

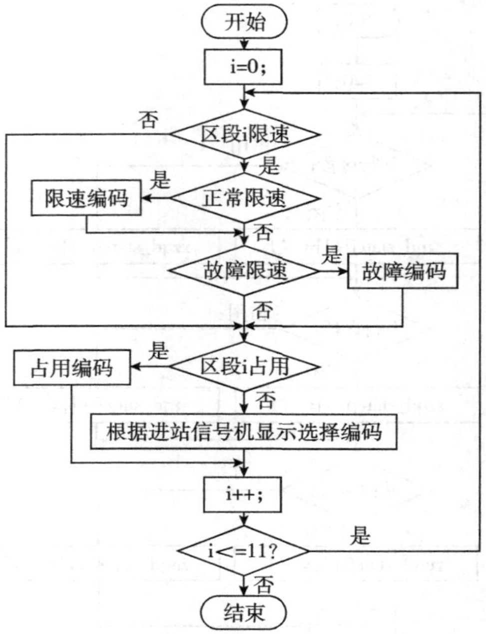

图 4-103　区间信号码序列编制过程

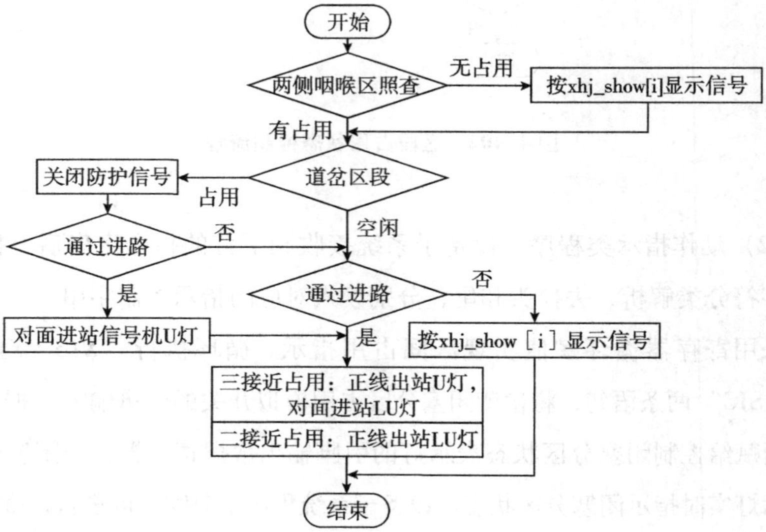

图 4-104　咽喉区联锁过程设计

设备子系统程序是基于信号机控制指令字串 xhj_ show [ ] 中各元素的值，进而控制信号表示灯实现不同的色灯组合，

设备子系统分别根据下行区段限制指令字串 xqdlimit [ ] 和上行区段限制指令字串 sqdlimit [ ] 各元素的不同取值，进行设置闭塞分区状态表示灯的状态。

(3) 通信服务程序设计。设备子系统数据通过串口连接蓝牙模块发送报文。在每个系统周期，设备子系统通信模块通过串口 USART1，按 40 毫秒的间隔依次发送状态字串构成的报文数据。报文数据如表 4-28 所示。

表 4-28 上传报文数据列表

名称	xzqd_ state[ ]	szqd_ state[ ]	znqd_ state[ ]	xmxt[ ]	smxt[ ]	xhj_ state[ ]
备注	下行区段状态	上行区段状态	站内区段状态	下行码序	上行码序	信号机显示

设备子系统串口接收到“S”时，表明一个完整字串开始，此时令缓存序号归零，顺次接收字串各元素，序号递增，直到接收到“\ r”时，表明一个字串结束，停止接收。

指令报文解析按首字符对应完成，判断所接收到的报文数据首字符。解析报文数据如表 4-29 所示。

表 4-29 指令报文解析对照

首字符	‘j’	‘f’	‘u’	‘v’
字串	xhj_ show [ ]	runState [ ]	xqdlimit [ ]	sqdlimit [ ]
备注	信号机显示控制字串	运行状态控制字串	下行限速控制字串	上行限速控制字串

(九) 区间运行发码模拟系统应用实例

该系统可以通过下位机的开关模拟区段的占用，上位机监测界面演示

区间发码情况。

系统采用双线双向移频自动闭塞区间布局，包含与车站衔接的咽喉区，设置进出站信号机和通过信号机，演示区段限速和区段故障发码，有道岔单独操纵、进路办理、切换运行模式、变更运行方向等功能，综合演示各类情形下区间行车发码动态过程。

1. 上电解锁

上位机上电解锁，并设置好通信参数后，系统进入主界面，点击“连接”，监控子系统与设备子系统建立连接，监测界面和系统状态检测开始按设备实际情况实时表示。上位机的初始界面如图 4-105 所示。

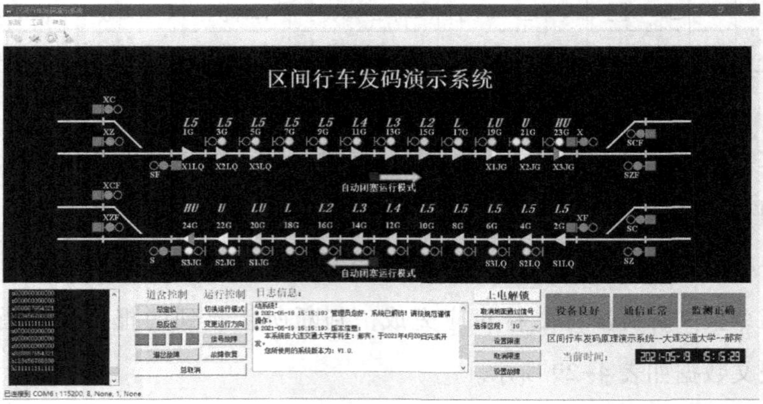

图 4-105 上位机监测界面初始状态

2. 区间发码演示

（1）列车占用区段追踪码序发码。在下位机拨动 17G 区段对应的占用模拟开关，模拟该区段有车占用，区间相关区段发码情况如图 4-106 所示，下位机硬件如图 4-107 所示。

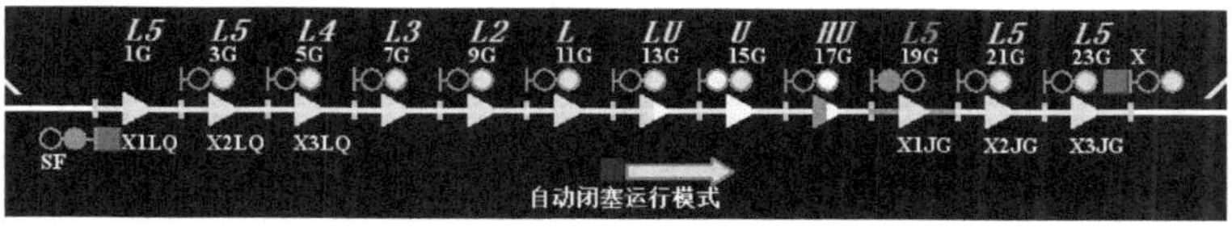

图 4-106　列车占用 17G 追踪码序发码情况

图 4-107　列车占用下位机硬件情况

（2）多车追踪接近码序发码。当列车在区间行驶时，不同的区段被列车占用的情况下，区间各区段的发码将随着占用区段的不同发生变化。该模拟系统通过下位机占用模拟开关，模拟区间的 9G 和 21G 有车占用追踪运行时的情况。区间相关区段发码情况如图 4-108 所示，下位机硬件如图 4-109 所示。

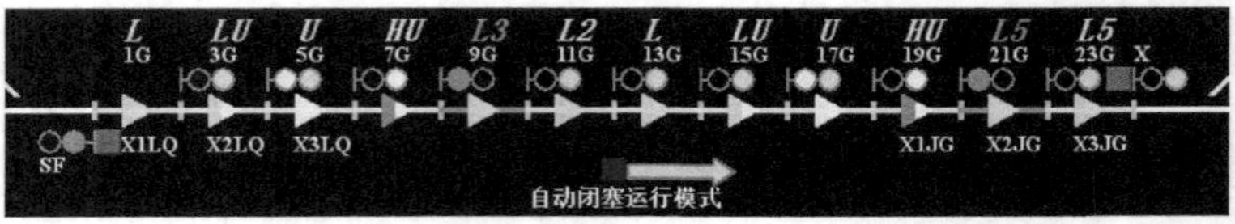

图 4-108　多车追踪接近序码发码情况

图 4-109　多车追踪下位机硬件情况

（3）限速/故障码序发码。当列车运行前方有危及行车安全的问题时，列控中心能够向相应的区段发送限速码序，各个相关区段将依此变换码序，将控制信息发送到列车上，控制列车速度，保障行车安全。在该模拟系统中，可选择 17G 作为限速区段，在下位机硬件点击“设置限速”按钮，实现 17G 的临时限速，上位机观察限速发码情况。区间相关区段发码情况如图 4-110 所示。

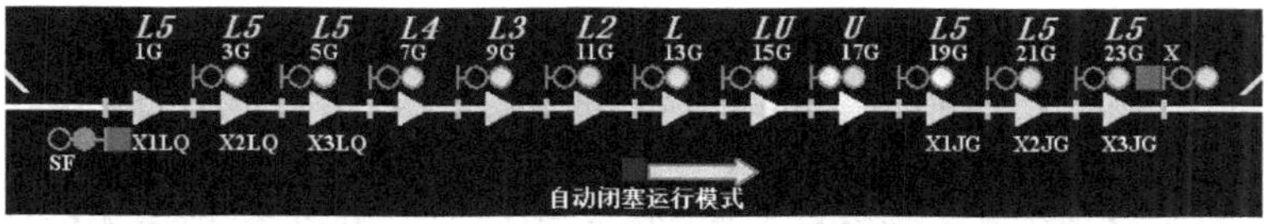

图 4-110 17G 区段限速码序发码情况

(4) 进站接车/防护码序发码。当列车运行前方进站信号机关闭，或开放列车通过进路时，可根据进站信号机的显示情况，设置区间发码，指示列车按照规定的速度行驶。区间相关区段发码情况如图 4-111 所示。

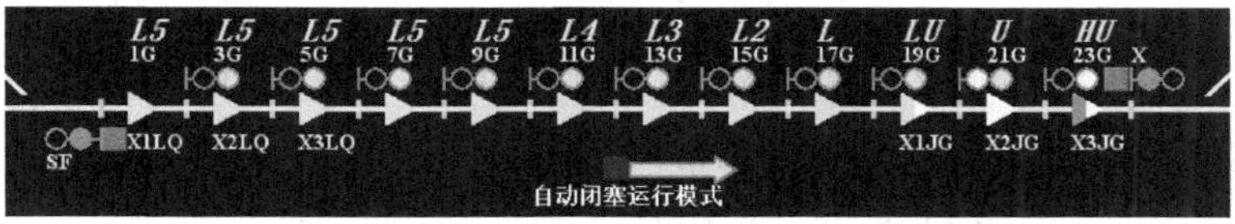

图 4-111 进站口防护码序发码情况

3. 选排进路功能

该模拟系统能够通过下位机，模拟车站的接车、发车和通过进路的选排，并在上位机监测进路选排的情况，反映车站联锁关系的变化。如正线通过进路的建立和车站侧线进站进路的建立，可通过下位机硬件电路板上的按钮，模拟车站选排进路过程，并在上位机监测进路的办理结果。上位机界面如图 4-112 和图 4-113 所示。

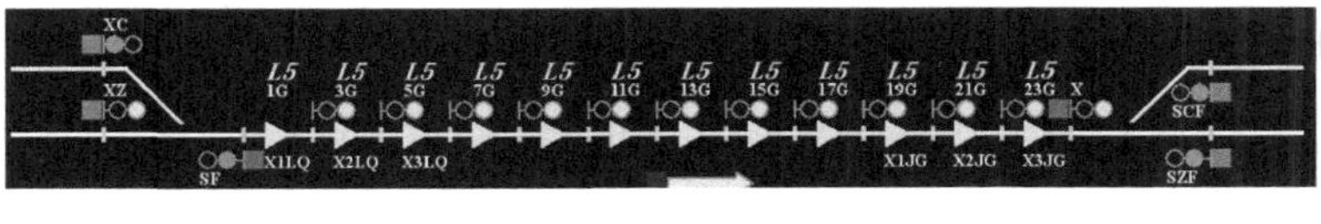

图 4-112 通过进路信号监测和区段锁定

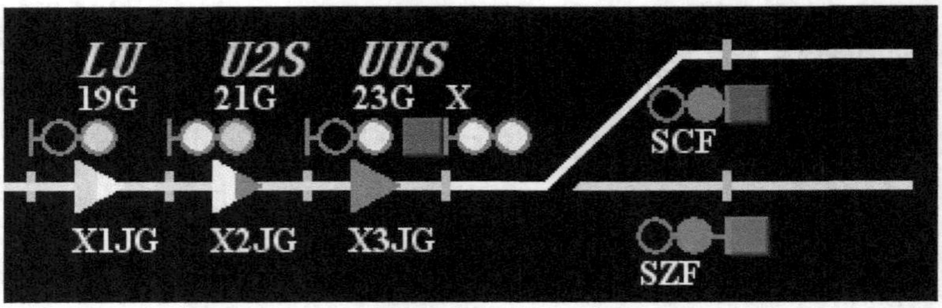

图 4-113　侧线接车信号监测和区段锁定

4. 运行控制模式控制功能

（1）切换运行模式。区间的运行模式分为自动闭塞和半自动闭塞两种方式，该模拟系统能够通过下位机的切换按钮，将两种闭塞方式进行切换。如依次按压“切换运行模式”和常用下行区间“运行控制”按钮，切换到64D 半自动闭塞运行模式，上位机的界面如图 4-114 所示。

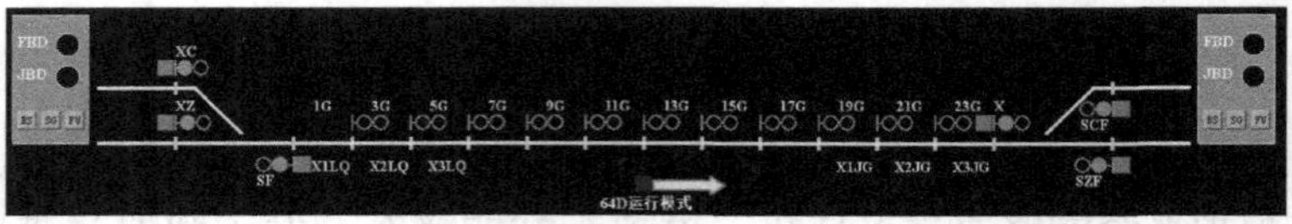

图 4-114　上位机切换到 64D 半自动闭塞的界面

（2）区间变更运行方向。区间的运行方向可以在需要的情况下进行变更，实现列车在区间运行方向的改变。如依次按压下位机的“变更运行方向”和常用下行区间“运行控制”按钮，实现区间运行方向的变更。上位机界面如图 4-115 所示。

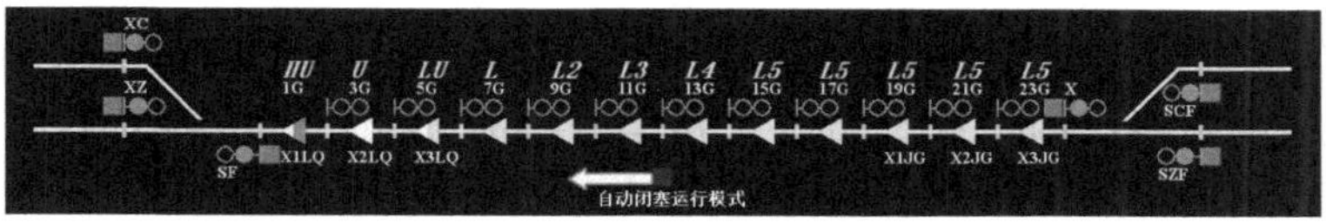

图 4-115 上位机区间变更运行方向的界面

5. 道岔的操作功能

道岔是车站联锁室外设备的重要设备之一，道岔的位置决定了列车的运行方向。在日常的联锁操作中，通过车站联锁上位机对道岔进行定操和反操的控制。该模拟系统能够通过下位机模拟道岔的定位和反位操作，并在上位机监测道岔的动作情况。如操作模拟系统中的 2 号道岔定位和反位情况如图 4-116 所示。

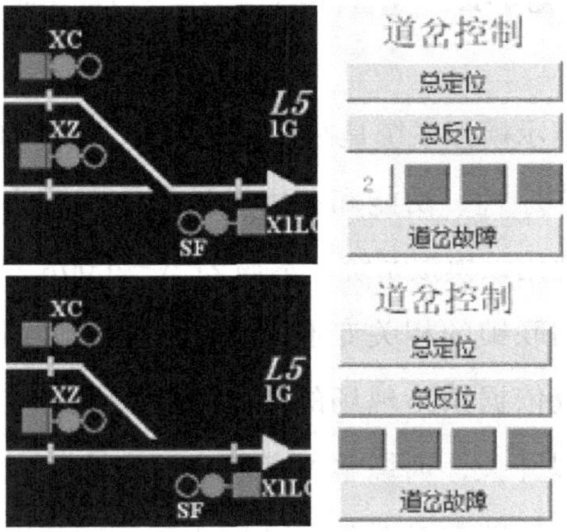

图 4-116 道岔定位和反位情况

6. 联锁系统异常情况

在车站联锁中，根据室外信号设备的故障情况，在车站的车务终端能够监测到室外设备的故障情况。该模拟系统能够模拟室外设备的故障，并在上位机监测到相应的情况。如道岔和信号机故障，上位机界面如图 4-117 所示。

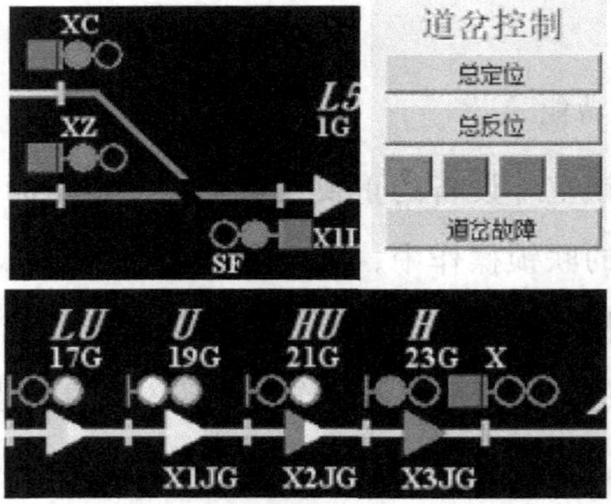

图 4-117　道岔和信号机故障上位机界面

区间行车发码演示模拟系统是在深入研究 ZPW-2000A 型移频轨道电路自动闭塞系统的工作原理、功能和区间发码原则基础上进行设计的。为了让学习者能够通过使用该模拟系统，掌握 ZPW-2000A 型移频轨道电路自动闭塞系统，以及车站联锁的相关专业知识，并且能够训练学习者的相关专业能力，该模拟系统依据铁路现场的实际应用情况，实现了相应的系统功能。如设置占用模拟开关，训练学习者研究区段占用时的发码规则；设计联锁选排进路功能，帮助学习者学习掌握车站联锁关系，以及车站与区间的关系等。该模拟系统可用于铁路信号基础教学实践中，具有功能丰富、操作简便、表示直观等特点。

第五章　前景展望

计算机联锁模拟系统以高校教学与培训、铁路技术人员的技术培训需求为出发点，帮助学习者掌握专业基础知识，提升学习者的专业技术能力以及现场故障的处理能力。通过面向对象的程序设计方法以及 STM32 的多功能智能控制系统设计开发了一系列的计算机联锁模拟系统。主要完成的工作包括以下几个方面：

（1）充分了解调研计算机联锁模拟系统在国内外的发展，并对系统的结构、工作原理有深入的研究。

（2）通过对企业调研以及高校教学与培训的需求反馈，分析模拟系统的功能需要，基于分析的结果，确定该模拟系统的研究方向和设计思路。依据系统的应用需求，设计构建系统的层次结构、设备配置，搭建系统的整体框架。

（3）该模拟系统的整体结构分为上位机和下位机两部分。依据系统功能，设计以 STM32 为最小系统的智能控制下位机，以 Qt 为平台的面向对象程序设计上位机，实现计算机联锁系统的相关功能。由于联锁系统中的继电电路部分繁多且复杂，因此将继电电路分为几大部分，分别设计了几个典型的计算机联锁模拟系统。通过该模拟系统的使用，能够帮助学习者了解计算机联锁的基本功能、联锁关系，以及继电电路的故障处理方法。同时，通过该模拟系统的使用，奠定计算机联锁系统开发者的联锁基础。

（4）通过对这几个典型的计算机联锁模拟系统的应用测试，效果良好。目前，该模拟系统已经应用于教学中。学生在使用过程中，学习兴趣增加，对于专业知识的理解掌握能力提升，改善了理论学习与实践脱节的问题。对于高校的教学与培训具有一定意义。

参考文献

［1］毛帅璧．高速铁路工程数据空间化关键技术研究［D］．郑州：解放军信息工程大学，2015.

［2］杨昭军．车站信号车务仿真培训硬件系统的设计与实现［D］．北京：北京交通大学，2007.

［3］冯涛．网络计算机联锁仿真系统研究［D］．兰州：兰州交通大学，2013.

［4］郑凯．融合3D技术的计算机联锁车务仿真系统设计与实现［D］．北京：北京交通大学，2015.

［5］黄龙．城轨计算机联锁仿真系统的研究与实现［D］．成都：西南交通大学，2015.

［6］王程．基于蚁群算法的联锁进路搜索研究［D］．北京：北京交通大学，2018.

［7］Khan S A，Zafar N A. Towards the formalization of railway interlocking system using Z－notations［C］//International Conference on Computer，IEEE，2009.

［8］王永信．车站信号自动控制［M］．北京：中国铁道出版社，2007.

［9］曹刚，宋润泉，刘承宗，等．基于Qt开发软件的授权许可系统设

计与实现［J］. 计算技术与自动化，2023，42（1）：179-182.

［10］张高廷，曹云东，刘炜．铁路信号继电器模态仿真与试验分析［J］. 机电信息，2019（11）：30-31.

［11］王珊珊，王成娟．铁路信号继电器工作原理及特性分析［J］. 机电元件，2021，41（2）：61-64.

［12］曹德安．基于 Qt 的串口通信实验［J］. 软件，2023，44（2）：116-118.

［13］姚超友．基于 51 单片机 PCB 电路板制作系统的设计［J］. 机械工程师，2014（8）：124-125.

［14］王海燕，龙辛．基于 STM32 的 CANopen 通讯协议的实现［J］. 工业设计，2012（2）：131-133.

［15］向仲明．基于 MODBUS 协议栈的数控应用软件系统设计与实现［D］. 成都：电子科技大学，2014.

［16］张露．到达场联锁功能仿真［D］. 成都：西南交通大学，2015.

［17］杨杨，陈林秀，刘利芳．车站信号控制系统［M］. 成都：西南交通大学出版社，2012.

［18］陈昆．铁路信号基础实验系统后台逻辑设计［D］. 南昌：华东交通大学，2018.

［19］郭玉华．国外联锁系统的创新和发展［J］. 铁道通信信号，2020，56（3）：101-102.

［20］高丽．车站联锁实物仿真系统的设计［D］. 石家庄：石家庄铁道大学，2015.

［21］姚文韬．高铁计算机联锁仿真培训系统——联锁软件的研究［D］. 兰州交通大学，2016.

［22］张立冬，吕坤鹏．进站信号机点灯电路模拟系统［J］. 山东交通学院学报，2018（1）.

［23］刘伯鸿．城市轨道交通车辆段信号技术［M］．成都：西南交通大学出版社，2012.

［24］万隆．单片机原理及应用技术［M］．北京：清华大学出版社，2010.

［25］刘利芳．区间信号自动控制［M］．北京：科学出版社，2014.